DES RECETTES
100% SPORT ET SANTÉ

50 NUANCES DE PATATE DOUCE

by

Juju Fitcats

PHOTOGRAPHIES : BERNARD RADVANER

STYLISME : CHLOÉ JOSSO

SOLAR
EDITIONS

UNE GOURMANDISE TOUT EN LÉGÈRETÉ

C'est avec un immense honneur que j'écris aujourd'hui cette préface pour le premier livre de ma Juju ! Nous avons fait connaissance grâce aux réseaux sociaux, mais aussi et surtout grâce à notre passion commune pour LES RECETTES GOURMANDES ! Je me souviens encore de notre première rencontre, Justine démarrait son aventure sur YouTube et je lui disais déjà qu'elle avait tout le potentiel pour aller très, très loin... Je ne m'étais pas trompée ! Explosive, téméraire et bonne vivante, il ne lui a fallu que très peu de temps pour trouver sa place ! Aujourd'hui, Justine connaît un parcours exceptionnel avec une réussite amplement méritée, à la hauteur de l'ardeur qu'elle met dans tout ce qu'elle entreprend ! Justine s'est beaucoup investie pour cet ouvrage et je suis extrêmement fière d'elle ! Elle y a glissé toute sa folie, et surtout son savoir-faire pour ravir nos papilles ! Avis aux gourmands, à la team FITCATS, aux curieux : prenez le temps de feuilleter ce beau livre avec envie pour ensuite tester ses recettes à base de patate douce incroyablement savoureuses ! Pour ma part, j'ai déjà hâte de découvrir la suite...

Roxane

Ancienne candidate du *Meilleur Pâtissier* sur M6, Roxane rencontre un succès foudroyant sur YouTube, avec sa chaîne L'Atelier de Roxane, et compte plus de 2,7 millions d'abonnés !

SOMMAIRE

PETITS DÉJEUNERS

APÉRITIFS / ENTRÉES

TARTINES

PLATS

SNACKS

DESSERTS

Bonjour, moi c'est Justine,
j'ai 24 ans et...Hein ? !
Vous pensiez vraiment
que j'allais faire une introduction
aussi barbante, petits Fitcats ?

Saluuuut les petits chats !

C'est Juju Fitcats,
j'espère que vous allez bien !

AUJOURD'HUI, JE VOUS SOUHAITE LA BIENVENUE DANS MON UNIVERS CULINAIRE REMPLI DE… PATATE DOUCE !
POUR CEUX QUI ME CONNAISSENT, VOUS SAVEZ QUE MA PASSION PREMIÈRE DANS LA VIE, C'EST DE… MANGER ! (OUI OUI, ELLE PASSE MÊME AVANT LE SPORT, MAIS CHUUUT…)
PSSST, POUR CEUX QUI NE ME CONNAISSENT PAS ENCORE, NE VOUS INQUIÉTEZ PAS, VOUS ALLEZ TRÈS VITE LE COMPRENDRE.
C'EST EN PARTIE POUR CETTE RAISON QUE J'AI EU L'ENVIE, IL Y A MAINTENANT PLUS D'UN AN ET DEMI, DE ME LANCER DANS LA FOLLE AVENTURE QU'EST L'ÉCRITURE D'UN LIVRE DE CUISINE. MAIS PAS N'IMPORTE QUEL LIVRE, ATTENTION, CELUI DE VOTRE MAMAN FITCATS, AUSSI SURNOMMÉE GROSSTINTIN, QUI VOUS TRANSPORTERA DANS UN MONDE OÙ LES MOTS SAIN ET GOURMAND NE FONT PLUS QU'UN.

LÀ, PETITS FITCATS (SI VOUS N'ÊTES PAS ENCORE HABITUÉS À CE SURNOM, HABITUEZ-VOUS VITE CAR C'EST COMME ÇA QUE JE VAIS VOUS SURNOMMER PENDANT TOUTE VOTRE LECTURE), LA QUESTION QUE VOUS VOUS POSEZ SÛREMENT EST : « POURQUOI UN LIVRE DE RECETTES SAINES ? »
EH BIEN, APRÈS AVOIR NOURRI MON BIBAO (ÇA, C'EST LE SURNOM QUE JE DONNE À TIBO) PENDANT PLUS D'UN AN, OU PLUTÔT APRÈS L'AVOIR FORCÉ À DEVENIR MON COBAYE, JE ME SUIS DIT QU'IL ÉTAIT PEUT-ÊTRE TEMPS DE VOUS NOURRIR VOUS, LES PETITS CHATS…
ET, PLUS SÉRIEUSEMENT, POUR PLUSIEURS RAISONS QUE JE VAIS DÉVELOPPER ICI (OH OUI, VOUS SAVEZ À QUEL POINT J'A-DO-RE PARLER).

PREMIÈREMENT, il faut savoir que je suis diplômée d'une licence en biologie-santé option biochimie depuis mes 21 ans. Durant ma dernière année, je suis partie suivre mon cursus au Canada où j'ai eu la chance d'étudier la nutrition, et plus précisément la nutrition sportive sous toutes ses formes pendant de longues heures sur les bancs de la fac… Par ailleurs, c'est aussi dans ce pays si cher à mon cœur que j'ai poussé les portes d'une salle de musculation pour la toute première fois. Souffrant d'anorexie mentale depuis plus de deux ans à cette époque, j'ai trouvé, dans la pratique de la musculation, une vraie thérapie. C'est en pratiquant ce sport, mais aussi par le biais de mes études, que je me suis plus sérieusement intéressée à l'alimentation. D'une part, parce que je cherchais à retrouver du plaisir à manger et d'autre part, car je souhaitais apprendre à cuisiner des plats gourmands qui me permettraient d'atteindre mes objectifs sportifs.

DEUXIÈMEMENT, je remarque très souvent que lorsque l'on décide de faire attention à son alimentation, on fait face à de nombreux clichés au sein de notre entourage. Nos proches s'imaginent tout de suite que « nourriture saine » est synonyme de « régime », « privation », « frustration » et tout un tas d'autres mots que je déteste entendre !

À TRAVERS CE LIVRE, J'AIMERAIS PROUVER AUSSI BIEN AUX SPORTIFS QU'À TOUTES LES PERSONNES QUI SOUHAITERAIENT DÉCOUVRIR MON UNIVERS QU'IL EST POSSIBLE D'ATTEINDRE SES OBJECTIFS, QU'ILS SOIENT SPORTIFS OU NON, AVEC UNE ALIMENTATION SAINE ET GOURMANDE SANS NÉCESSAIREMENT ÊTRE UN AS DE LA CUISINE. EN EFFET, VOUS DÉCOUVRIREZ ICI QUE TOUTES MES RECETTES SONT À LA PORTÉE DE N'IMPORTE QUELLE PATTE DE CHAT DÉBROUILLARDE !

Ah, j'oubliais ! Pour votre plus grand bonheur, un grand nombre de mes recettes sont inspirées de celles qui vous ont bercé toute votre enfance et qui vous bercent encore aujourd'hui ; brownie, gratin dauphinois, cookies... et j'en passe. Le tout dans leur version la plus SAINE possible. Et je suis sûre que vous vous laisserez facilement séduire par de nouvelles recettes aux saveurs inattendues à s'en taper les quatre pattes en l'air !

Et comme votre Maman Fitcats aime les défis, j'ai choisi de vous proposer des recettes contenant absolument TOUTES de la PATATE DOUCE. Croyez-moi, avec son petit goût sucré, c'est un allié de taille aussi bien pour les préparations salées que sucrées.

J'ai aussi fait le pari que je ferais aimer mes plats à tous les Fitcats, même ceux qui n'apprécient pas du tout la patate douce ! Et jusqu'à aujourd'hui, c'est un pari que j'ai relevé haut la main alors je compte sur vous, mes chats d'amour, pour vous laisser transporter par ces découvertes savoureuses qui, je le souhaite de tout mon cœur, vous plairont !

Et maintenant, en cuisine, petits Fitcats, mes recettes n'attendent que vous et je suis certaine que vos petites moustaches trépignent d'impatience !

UN MINIMUM DE CONNAISSANCES EN NUTRITION !

Hop hop hop, petits Fitcats, je vous vois déjà venir et c'est NON, vous ne skipperez pas cette étape !

La clé d'une alimentation saine, c'est l'équilibre alimentaire. Chacune de mes gamelles, du matin au soir, contient tous les nutriments nécessaires au bon fonctionnement de mon corps à travers des plats sains et gourmands. Les « nutri »... quoi ? Les nutriments sont des composés chimiques qui constituent les aliments. Ils sont de deux natures :

MACRONUTRIMENTS

PROTÉINES, LIPIDES, GLUCIDES (CEUX QUI VONT NOUS INTÉRESSER EN PREMIER LIEU POUR ÉQUILIBRER NOS GAMELLES EN FONCTION DE NOS BESOINS).

MICRONUTRIMENTS

VITAMINES ET MINÉRAUX (À NE SURTOUT PAS NÉGLIGER POUR AVOIR UN CORPS DE CHAT EN BONNE SANTÉ).

Pour ne pas trop vous barber avec ma science, je vais vous donner quelques points clés que vous devez garder en tête si vous souhaitez adopter une alimentation plus saine et plus en adéquation avec vos besoins, sportifs ou non d'ailleurs. Concentrons-nous sur les macronutriments.

LES PROTÉINES

ELLES SONT LE PREMIER NUTRIMENT ESSENTIEL IDENTIFIÉ PAR LA NUTRITION.

Elles sont dites essentielles puisqu'une grande partie des acides aminés qui les composent ne sont pas synthétisables par notre corps et doivent être apportés par notre alimentation.
Les protéines sont les matériaux de construction principaux de notre corps. Pour illustrer, petits Fitcats, si votre corps était une maison, les protéines seraient les murs et les acides aminés seraient les petites briques qui vous permettent de construire ces murs. Vous me suivez ?
Les protéines assurent de très nombreux rôles structuraux et fonctionnels au sein de notre organisme ; au niveau externe, elles constituent et régénèrent notre enveloppe (os, cheveux, peau, muscle...) et au niveau interne, elles permettent le bon fonctionnement du système immunitaire, du cœur... et je vais m'arrêter là, car elles me passionnent et je pourrais vous en parler des heures, mais ça n'est pas le but ici !
Vous l'aurez compris, il est indispensable d'apporter des protéines, via l'alimentation, à votre organisme, petits Fitcats, et pour ça, chacun de vos repas doit comporter des protéines, qu'elles soient d'origine animale (viande, poisson, œufs) ou végétale (soja, légumineuses, oléagineux). D'autant plus que les protéines sont les matériaux de construction des tissus musculaires qui se trouvent dans nos muscles, alors on ne s'en prive pas !

LES LIPIDES

BIEN TROP SOUVENT DIABOLISÉS, ILS CONSTITUENT LA PLUS GRANDE RÉSERVE D'ÉNERGIE DE NOTRE ORGANISME !

Pour la même quantité, ils apportent deux fois plus d'énergie à eux seuls que les protéines ou les glucides. En effet, ce sont les lipides qui fournissent 90 % de l'énergie nécessaire au bon fonctionnement de notre organisme lorsque nous sommes au repos. Par ailleurs, ils représentent l'un des composants principaux de nos cellules vivantes. Alors, petits Fitcats, même si votre objectif est de perdre du poids, vous ne devez jamais supprimer complètement les matières grasses de votre alimentation. Le tout, c'est de savoir les choisir correctement (huile d'olive, amandes, poisson gras, avocat) de façon à apporter de bonnes graisses à votre organisme avec un excellent apport en oméga-3 et oméga-6.

LES GLUCIDES

ILS CONSTITUENT LA DEUXIÈME SOURCE D'ÉNERGIE DE L'ORGANISME ET FOURNISSENT L'ÉNERGIE NÉCESSAIRE AU BON FONCTIONNEMENT DU CERVEAU, DU CŒUR, DES REINS, DES MUSCLES...

Et j'en passe. C'est le premier paramètre sur lequel jouer pour perdre (diminuer la quantité de glucides) ou prendre du poids (augmenter la quantité de glucides). Cependant, il faut toujours veiller à garder un apport suffisant en glucides dans sa journée, car 80 % des glucides apportés par l'alimentation sont nécessaires au bon fonctionnement du cerveau. Alors, même si vous souhaitez perdre du poids, petits Fitcats, ne vous privez pas complètement de glucides. Choisissez des glucides à index glycémique faible ou modéré (patate douce, riz basmati complet, quinoa, boulgour...) qui auront un effet plus rassasiant, ce qui vous évitera d'en manger des tonnes et limitera le pic de glycémie associé à la prise d'un repas, c'est-à-dire la hausse du taux de sucre dans le sang qui, très souvent, entraîne un gros pic de fatigue après manger... Allez, avouez à Maman Fitcats qu'il vous est déjà arrivé de piquer du nez après le déjeuner, vers 14 heures ? Vous en connaissez maintenant l'une des raisons principales.

À présent que vous avez quelques notions de nutrition et que vous êtes capable de composer une assiette équilibrée, laissez-vous séduire par mes recettes, petits Fitcats ! Elles s'adapteront parfaitement à vos besoins, quelles que soient votre diète et vos croyances alimentaires, j'en suis certaine.

Bavarde comme je suis, j'ai encore quelques petites choses à vous dire avant de vous laisser vous régaler… À l'instant présent, petits Fitcats, vous vous demandez certainement : « Pourquoi a-t-elle décidé de mettre de la patate douce dans toutes ses recettes ? Elle a pété un câble, notre Maman Fitcats, ou quoi ? »

UN PEU D'HISTOIRE…

La patate douce est originaire des régions tropicales et plus particulièrement d'Amérique centrale et d'Amérique du Sud où elle fait partie intégrante de chaque repas (je crois que je ne suis décidément pas née sur le bon continent, moi…). Rapportée par Christophe Colomb, elle n'a fait son apparition en France qu'au XVIIIe siècle.
Mais rassurez-vous, même si ses origines ne sont pas européennes, aujourd'hui, elle se cultive très bien sur nos terres et il est possible de se procurer de la patate douce directement d'origine française sur le marché (je vous laisse imaginer le large sourire qui domine sur mes lèvres à l'instant où j'écris ces mots).

UN PEU DE SCIENCES !

La patate douce est un légume qui appartient à la famille des tubercules racinaires, c'est-à-dire qu'elle pousse sous terre. Il existe trois variétés de patate douce :

- **la patate douce à chair orangée**
- **la patate douce à chair violacée,**
- **la patate douce à chair blanche.**

Dans mes recettes, j'ai choisi de n'utiliser que la patate douce à chair orangée car cette variété possède une texture moins farineuse en bouche et un petit goût sucré légèrement plus prononcé que les deux autres. Et croyez-moi sur parole, pour le côté gourmand, ça change tout !

LE SAVIEZ-VOUS ?

La patate douce, bien qu'elle porte presque le même nom que la pomme de terre, aussi surnommée « patate », n'a rien à lui envier nutritionnellement parlant.
La patate douce est un légume très nutritif et pourtant peu calorique. En effet, pour 100 g de légume cru, elle n'apporte que 86 calories.
Du côté des macronutriments, elle contient 0,1 g de lipides, 20 g de glucides et 1,6 g de protéines. Naturellement riche en fibres (3 g pour 100 g), la patate douce a un index glycémique relativement faible (50). Lors de la digestion, ses fibres limitent l'assimilation des glucides, ce qui évite l'apparition d'un pic de glycémie élevé, c'est-à-dire une élévation trop importante du taux de sucre dans le sang.
Du côté des micronutriments, la patate douce à chair orangée, celle que je vais utiliser tout au long de ce livre donc, contient une forte teneur en bêta-carotène (ce qui lui confère sa couleur orange) qui est le précurseur de la vitamine A. Vous comprenez donc, petits Fitcats, que la patate douce est riche en vitamine A, mais rassurez-vous, elle l'est aussi en vitamines B et C. Elle est également une excellente source de minéraux, avec une forte teneur en sodium, calcium et magnésium, mais aussi en fer et potassium.

MODES DE CUISSON

« Mais Juju, la patate douce, comment on la cuit ? »
Cette question que presque tous mes petits chats m'ont déjà posée…
Aujourd'hui, je vous dévoile toutes les méthodes de cuisson de la patate douce, de la plus rapide à la plus connue, c'est parti !

Au four
45 à 50 minutes en chaleur tournante à 180 °C (th. 6).

À l'eau
De la même façon que pour les pommes de terre : mettez les patates douces dans une casserole remplie d'eau froide, portez l'eau à ébullition, puis laissez-les cuire 15 à 20 minutes, vérifiez la cuisson en plantant une fourchette à l'intérieur de la chair.

À la vapeur

À la poêle
Avec un peu d'huile (de coco !)

Au micro-ondes
5 à 7 minutes au four à micro-ondes à puissance maximale (900 W). Si votre four à micro-ondes ne dépasse pas 700 W, n'hésitez pas à faire cuire pendant 7 à 10 minutes.

À la friteuse
Attention, cette cuisson n'est réservée qu'à vos petits écarts !

Une astuce :
Avant tout type de cuisson, faites de légères entailles dans vos patates douces à l'aide d'un couteau de façon à faciliter la cuisson (d'autant plus si les patates douces sont relativement grosses).

EN CUISINE

Il existe cinquante et une façons de cuisiner la patate douce (vous avez compris le jeu de mots, petits Fitcats ?).
Si vous aimez cuisiner la pomme de terre, vous allez ADORER cuisiner la patate douce !
Comme je vous le disais, son petit goût sucré qui s'apparente à la châtaigne ou au potimarron fait d'elle un allié de taille autant dans les recettes sucrées que dans les recettes salées. Oui, vous l'aurez compris, vous pouvez la cuisiner de l'apéro jusqu'au dessert en passant par l'entrée, le plat, le goûter et même le petit déjeuner !
Elle remplace très bien la farine de blé ou toute autre farine que vous avez l'habitude d'utiliser, allant même jusqu'à donner une texture encore plus moelleuse aux préparations.
Elle convient d'ailleurs parfaitement à tous les types d'alimentation : paléo, sans gluten, végétarienne ou même végétalienne ; la patate douce se prête parfaitement à l'élaboration de toutes les recettes. Mais même si vous ne suivez aucune de ces diètes alimentaires, elle saura vous séduire !

Maintenant que la patate douce n'a plus aucun secret pour vous, ou presque… je vous laisse découvrir les merveilles qui vous attendent !

Régalez-vous, petits Fitcats !

#mespictos

POUR VOUS GUIDER À TRAVERS CE LIVRE, PETITS FITCATS, RETROUVEZ SUR CHACUNE DE MES RECETTES, MES PICTOS INDIQUANT S'IL S'AGIT D'UNE RECETTE SANS GLUTEN, VÉGÉTARIENNE...

- SANS GLUTEN
- VÉGÉTARIENNE
- VÉGÉTALIENNE
- LOW CARB
- RICHE EN PROTÉINES
- FAIBLE EN SUCRE

VÉGÉTARIENNE

Ne contient ni viande, ni poisson, ni fruits de mer. En revanche, peut contenir des œufs et des produits laitiers. Si vous suivez un régime végétarien, laissez-vous séduire par ces recettes !

VÉGÉTALIENNE

Ne contient aucun produit d'origine animale quelle que soit la forme ; viande, poisson, fruits de mer, œuf, produit laitier. Si vous avez opté pour l'alimentation vegan, ces recettes vont vous régaler !

LOW CARB

Pauvre en glucides. Si vous souhaitez perdre un peu de poids, faire attention à votre ligne, « sécher » pour les sportifs ou avoir une silhouette plus athlétique, l'alimentation *low carb* est un allié de taille. En effet, elle ne doit pas apporter plus de 100 g de glucides par jour. Les glucides étant la première source d'énergie de votre organisme, lorsqu'ils sont fournis en faible quantité, votre corps est obligé de puiser dans ses réserves, autrement dit d'aller taper dans les graisses qui sont utilisées comme seconde source d'énergie. Foncez, ces recettes n'attendent que vous !

RICHE EN PROTÉINES

Hyperprotéinée. Si vous êtes un sportif cherchant à développer sa masse musculaire en période de « prise de masse », autrement dit « gain de muscle », ou un sportif souhaitant perdre du poids, « sécher » tout en gardant une masse musculaire suffisante, ces recettes sont faites pour vous !

SANS GLUTEN

Ne contient pas de gluten. Si vous êtes intolérant au gluten, cœliaque, ou que vous souhaitez limiter le gluten dans votre alimentation, vous allez succomber pour ces recettes !

FAIBLE EN SUCRE

Ne contient pas de sucre raffiné industriel (sucre blanc). En revanche, la recette peut contenir des sucres naturels ou des substituts de sucre qui diminuent son apport en sucre global, et donc son total calorique. Ces recettes sont idéales pour un plaisir gourmand et contrôlé qui vous évitera un pic de glycémie trop élevé au cours de votre journée !

QUI A DIT QUE LA GOURMANDISE ÉTAIT UN VILAIN DÉFAUT ? CERTAINEMENT PAS MAMAN FITCATS !

MES INDISPENSABLES EN CUISINE

FARINES SANS GLUTEN

AVOINE SANS GLUTEN (FLOCONS, SON OU FARINE)

Goût très neutre.
Riche en fibres, protéines et vitamines (l'une des céréales les plus nutritives).
Idéal pour les recettes salées et sucrées.
Se substitue entièrement à la farine de blé.
Se mélange parfaitement avec toutes les farines sans gluten.
Index glycémique modéré pour les flocons (40) et élevé pour la farine (60).

FARINE DE MAÏS

Goût très légèrement sucré.
Donne une couleur dorée aux recettes.
Riche en fibres, protéines et vitamines.
Idéale pour les recettes salées et sucrées.
Se substitue entièrement à la farine de blé.
Se mélange parfaitement avec toutes les farines sans gluten.
Index glycémique élevé (70).

FÉCULE DE MAÏS

Goût neutre.
Apporte aération, légèreté aux recettes.
Idéale pour les recettes salées et sucrées.
Se mélange avec des farines denses (sarrasin, châtaigne, pois chiches…).
S'utilise à hauteur de 30 % dans vos recettes.

FARINE DE SARRASIN

Goût très prononcé.
Couleur sable.
Riche en fibres solubles et en protéines (sentiment de satiété élevé).
Idéale pour les recettes salées.
S'utilise à hauteur de 40 % dans vos recettes.
Se mélange très bien avec la farine de maïs et les fécules (maïs, pomme de terre…).
Difficulté à lever.
Index glycémique modéré (45).

FARINE DE CHÂTAIGNE

Saveur sucrée et léger goût de noisette.
Couleur sable.
Riche en fibres et faible en matières grasses.
Idéale pour les recettes sucrées.
S'utilise à hauteur de 50 % dans vos recettes.
Se mélange très bien avec la farine de maïs et les fécules (maïs, pomme de terre…).
Difficulté à lever.
Index glycémique élevé (65).

FARINE DE POIS CHICHES

Saveur sucrée plutôt prononcée.
Couleur sable.
Riche en fibres et en protéines.
Idéale pour les recettes salées et sucrées.
S'utilise à hauteur de 30 % dans vos recettes.
Se mélange très bien avec la farine de maïs et les fécules (maïs, pomme de terre…).
Difficulté à lever.
Index glycémique bas (35).

FARINE D'AMANDE

Goût d'amande légèrement sucré.
Très riche en protéines et faible en glucides (parfait pour des petits déjeuners sportifs).
Idéale pour les recettes sucrées.
S'utilise à hauteur de 50 % dans vos recettes.
Se mélange très bien avec l'avoine sans gluten.
Index glycémique très bas (20).

SUCRANTS NATURELS

SIROP D'ÉRABLE

Origine : eau d'érable récoltée au printemps.
Pouvoir sucrant : 100 g de sucre = 50 g de sirop d'érable.
Index glycémique élevé (65).

SIROP DE FLEUR DE COCO

Origine : jus de fleur de cocotier.
Pouvoir sucrant : 100 g de sucre = 80 g de sirop de fleur de coco.
Index glycémique bas (35).

SIROP D'AGAVE

Origine : cactus mexicain appelé « agave bleu ».
Pouvoir sucrant : 100 g de sucre = 75 g de sirop d'agave.
Index glycémique très bas (19).

MIEL

Origine : ruche d'abeille.
Pouvoir sucrant : 100 g de sucre = 65 g de miel.
Index glycémique modéré (55).

STÉVIA

Origine : plante originaire d'Amérique du Sud appelée *Stevia rebaudiana*.
Pouvoir sucrant : 100 g de sucre = 0,33 g de stévia.
Index glycémique égal à 0.

ÉPICES

CANNELLE

Grande richesse en antioxydants.
Participe au renforcement du système immunitaire.
Vertus aphrodisiaques.

CURCUMA

Riche en vitamines A et C et en antioxydants.
Propriétés anti-inflammatoires.
Action protectrice du foie et des parties digestives.

CUMIN

Riche en vitamines A, C et E.
Booster naturel du système immunitaire.
Lutte contre le stress et l'anxiété.
Facilite la digestion.

MUSCADE

Détoxifie l'organisme.
Propriétés anti-inflammatoires.
Booster naturel du système immunitaire.
Facilite la digestion et la circulation sanguine.
Améliore l'aspect de la peau.

PAPRIKA

Riche en caroténoïdes (pigments colorés qui lui donnent sa couleur rouge).
Riche en fer, aide à lutter contre les problèmes d'anémie.
Lutte contre le stress et l'anxiété.
Protège des maladies cardio-vasculaires.

CORIANDRE

Riche en antioxydants.
Lutte contre la fatigue et les troubles de la digestion.
Favorise le sommeil.

AUTRES ÉPICES À TOUJOURS AVOIR DANS VOS PLACARDS, PETITS FITCATS : PERSIL, AIL, BASILIC, HERBES DE PROVENCE, ROMARIN, CIBOULETTE...

LAITS VÉGÉTAUX

Les « laits » végétaux ne sont en réalité pas des laits. Il s'agit de céréales ou de fruits oléagineux secs que l'on a broyés et mélangés avec de l'eau. Ces boissons ne contiennent donc pas de lactose (sucre du lait) et sont moins riches en lipides et en glucides que les laits d'origine animale. Les boissons végétales conviennent parfaitement aux régimes végétariens, vegan mais aussi sans gluten.

LAIT DE COCO

Goût très parfumé de coco. S'utilise plutôt dans les recettes sucrées mais aussi dans les recettes exotiques et asiatiques sucrées-salées. Boisson végétale la plus réhydratante.

LAIT D'AMANDE

Goût très léger d'amande. S'utilise aussi bien dans les recettes salées que sucrées. Boisson végétale la plus digeste.

LAIT DE NOISETTE

Goût très prononcé de noisette.
S'utilise plutôt dans les recettes sucrées.
Boisson végétale la plus riche en vitamines et minéraux.

OLÉAGINEUX (ENTIERS, EN POUDRE OU EN PURÉE)

Les oléagineux se trouvent sous deux formes :

- **d'une part, les noix – aussi appelées « fruits à coque » telles que les amandes, les noix de pécan, les noix, les noisettes, les cacahuètes ou encore les noix de cajou ;**

- **d'autre part, les graines, telles que les graines de sésame, de lin, de courge…**

Les noix s'utilisent de plusieurs façons : accompagnées d'un fruit, elles constituent un snack idéal pour vos quatre-heures ; concassées, elles font de très jolis toppings sur vos recettes et apportent un petit côté gourmand ; en poudre, elles sont idéales en pâtisserie ; en purée, vous allez adorer les tartiner !

Riches en protéines d'origine végétale, elles s'adaptent parfaitement aux régimes végétariens ou vegan. Leur faible teneur en sucre fait d'elles des alliées de taille pour réduire votre consommation de sucre. Attention toutefois à leur grande richesse en matières grasses, même si celles-ci sont majoritairement composées d'acides gras insaturés et qu'elles participent au bon fonctionnement de votre organisme (système nerveux). Il ne faut pas en abuser !

HUILES

HUILE DE COCO

Principalement composée de graisses saturées (totalement dégradées par l'organisme = pas de dépôt artériel, à la différence du beurre ou d'autres huiles).
Conserve ses vertus à haute température (idéale pour les cuissons à la poêle).
Action antibactérienne (renforce le système digestif et le système immunitaire).

HUILE D'OLIVE

Principalement composée d'acides gras monoinsaturés.
Riche en polyphénols (antioxydants naturels qui protègent contre les maladies cardio-vasculaires).
Résistance modérée à la cuisson à haute température (si elle est trop chauffée, les polyphénols sont dégradés en composés indésirables et nocifs).
S'utilise de préférence pour assaisonner les plats après la cuisson.

Vitalité

Petits déjeuners

S'il y a bien une chose à savoir sur votre Maman Fitcats… c'est que la première raison pour laquelle je me réveille chaque matin, c'est le petit déjeuner !
Il est de très loin le repas que je préfère dans ma journée et j'adore prendre le temps de le savourer.
Pourquoi ? Vous verrez, les recettes que je vous propose ici vont très vite répondre à cette question. De la douceur, le plein d'énergie, une pointe de gourmandise… c'est un peu comme un gros câlin de chat réconfortant après un réveil décoiffant.
Sortir du lit n'a jamais été aussi facile depuis que ces petits déjeuners ont révolutionné mes matinées.

SANS GLUTEN

RICHE EN PROTÉINES

FAIBLE EN SUCRE

Patate douce à l'américaine

PERSONNE	PRÉPARATION	CUISSON
1	15 MIN	10 MIN

INGRÉDIENTS

½ PATATE DOUCE (150 G)

1 OEUF

3 TRANCHES DE BACON

1 CUIL. À CAFÉ DE SIROP D'ÉRABLE

2 CUIL. À SOUPE DE GUACAMOLE BY JUJU FITCATS (50 G) (RECETTE P. 108)

10 G DE NOIX DE PÉCAN

Faites cuire la patate douce au four à micro-ondes pendant 5 à 7 minutes.

Dans une casserole d'eau bouillante, déposez l'œuf entier et laissez cuire pendant 3 minutes pour obtenir un œuf mollet.

Dans une poêle avec le sirop d'érable, mettez à revenir le bacon jusqu'à ce qu'il soit bien caramélisé.

Une fois cuite, placez la patate douce dans une assiette, étalez le guacamole dessus, déposez l'œuf mollet, puis recouvrez avec le bacon caramélisé.

Parsemez de noix de pécan concassées.

VALEURS NUTRITIONNELLES

CALORIES	PROTÉINES	GLUCIDES	DONT SUCRES	LIPIDES	DONT AGS	FIBRES
532 KCAL	17,2 G	45,6 G	2,5 G	31,4 G	5,7 G	3,3 G

#TeamFitcats

SANS GLUTEN

VÉGÉTARIENNE

RICHE EN PROTÉINES

Bowlcake d'été à la patate douce

PERSONNE	PRÉPARATION	CUISSON
1	10 MIN	10 MIN

INGRÉDIENTS

- PATATE DOUCE (120 G)
- ½ BANANE
- 1 OEUF
- 1 CUIL. À CAFÉ DE STÉVIA
- 25 G DE FLOCONS D'AVOINE SANS GLUTEN
- 3 CUIL. À SOUPE DE LAIT DE COCO
- QUELQUES FRAMBOISES
- 1 FRUIT DE LA PASSION
- 1 CUIL. À CAFÉ DE BEURRE DE CAJOU
- NOIX DE COCO RÂPÉE

Épluchez la patate douce, coupez-la en rondelles épaisses et faites-la cuire 5 à 7 minutes au four à micro-ondes.

Dans un bol allant au micro-ondes, écrasez la banane, ajoutez l'œuf, la stévia, les flocons d'avoine et le lait de coco, puis mélangez vigoureusement.

Une fois la patate douce cuite, pesez 100 g et mixez jusqu'à obtenir une purée.

Versez la purée de patate douce dans le bol et mélangez à nouveau. Intégrez les framboises.

Faites cuire 3 à 5 minutes au four à micro-ondes (en fonction de sa puissance).

Disposez le beurre de cajou, le fruit de la Passion et la coco râpée sur le bowl avant de servir.

VALEURS NUTRITIONNELLES

CALORIES	PROTÉINES	GLUCIDES	DONT SUCRES	LIPIDES	DONT AGS	FIBRES
459 KCAL	17,7 G	58,3 G	13,6 G	17,8 G	3,8 G	10,4 G

SANS GLUTEN

VÉGÉTARIENNE

RICHE EN PROTÉINES

Bowlcake d'hiver à la patate douce

PERSONNE	PRÉPARATION	CUISSON
1	10 MIN	10 MIN

INGRÉDIENTS

1 PATATE DOUCE (120 G)
½ BANANE
1 OEUF
1 CUIL. À CAFÉ DE STÉVIA
25 G DE FLOCONS D'AVOINE SANS GLUTEN
3 CUIL. À SOUPE DE LAIT D'AMANDE
5 G DE CACAO PUR EN POUDRE
50 G DE MYRTILLES
1 CUIL. À CAFÉ DE BEURRE DE CACAHUÈTES
COPEAUX DE CHOCOLAT NOIR TRÈS FINS

Épluchez la patate douce, coupez-la en rondelles épaisses et faites-la cuire 5 à 7 minutes au four à micro-ondes.

Dans un bol allant au micro-ondes, écrasez la banane, ajoutez l'œuf, la stévia, les flocons d'avoine et le lait d'amande, puis mélangez vigoureusement.

Une fois la patate douce cuite, pesez 100 g et mixez jusqu'à obtenir une purée.

Versez la purée de patate douce dans le bol et mélangez à nouveau. Incorporez le cacao en poudre et 35 g de myrtilles, puis remuez à nouveau.

Faites cuire 3 à 5 minutes au four à micro-ondes (en fonction de sa puissance).

Ajoutez le beurre de cacahuètes, les myrtilles restantes et les copeaux de chocolat noir sur le bowl avant de servir.

VALEURS NUTRITIONNELLES

CALORIES	PROTÉINES	GLUCIDES	DONT SUCRES	LIPIDES	DONT AGS	FIBRES
492 KCAL	22,5 G	55,8 G	14,2 G	19,8 G	6,1 G	8,3 G

SANS GLUTEN

VÉGÉTARIENNE

LOW CARB

RICHE EN PROTÉINES

FAIBLE EN SUCRE

Gaufres sucrées de patate douce

POUR	PRÉPARATION	CUISSON
4 GAUFRES	10 MIN	10 MIN

INGRÉDIENTS

1 PATATE DOUCE (170 G)
2 OEUFS
30 G DE FARINE D'AMANDE
5 CL DE LAIT D'AMANDE
½ SACHET DE LEVURE
10 G DE STÉVIA
HUILE DE COCO POUR LE GAUFRIER

Épluchez la patate douce, coupez-la en rondelles épaisses et faites-la cuire 5 à 7 minutes à puissance maximale dans un four à micro-ondes.

Pesez 150 g de patate douce cuite, puis réduisez-la en purée bien lisse à l'aide d'un mixeur.

Dans le mixeur, ajoutez les œufs, la farine d'amande, le lait d'amande, la levure et la stévia puis mixez jusqu'à obtenir une pâte bien homogène.

Faites chauffer le gaufrier et huilez-le.

Faites cuire les gaufres 3 à 5 minutes, puis garnissez-les avec tout ce qui vous fera plaisir.

VALEURS NUTRITIONNELLES
POUR 1 GAUFRE

CALORIES	PROTÉINES	GLUCIDES	DONT SUCRES	LIPIDES	DONT AGS	FIBRES
119 KCAL	9,25 G	10,5 G	1 G	5 G	0,2 G	0,5 G

SANS GLUTEN

LOW CARB

RICHE EN PROTÉINES

FAIBLE EN SUCRE

Gaufres de patate douce œuf-bacon

POUR	PRÉPARATION	CUISSON
4 GAUFRES	15 MIN	15 MIN

INGRÉDIENTS

- 1 PATATE DOUCE (170 G)
- 6 OEUFS
- 5 CL DE LAIT D'AMANDE
- 30 G DE FARINE DE MAÏS
- ½ SACHET DE LEVURE
- ½ CUIL. À CAFÉ DE CURCUMA EN POUDRE
- 1 CUIL. À CAFÉ DE PERSIL HACHÉ
- 8 TRANCHES DE BACON
- 4 CUIL. À SOUPE DE SIROP D'ÉRABLE
- HUILE DE COCO POUR LE GAUFRIER

Épluchez la patate douce, coupez-la en rondelles épaisses et faites-la cuire 5 à 7 minutes à puissance maximale dans un four à micro-ondes.

Pesez 150 g de patate douce cuite, puis réduisez-la en une purée bien lisse à l'aide d'un mixeur.

Dans le mixeur, ajoutez le lait d'amande, 2 œufs, la farine de maïs et la levure, le curcuma et le persil puis mixez jusqu'à obtenir une pâte bien homogène.

Faites chauffer le gaufrier et huilez-le. Faites cuire les gaufres 3 à 5 minutes. En parallèle, faites cuire les 4 œufs restants au plat dans une grande poêle.

Sur chaque gaufre, déposez 1 œuf au plat, 2 tranches de bacon et arrosez de sirop d'érable. Servez aussitôt.

VALEURS NUTRITIONNELLES
POUR 1 GAUFRE AVEC TOPPING

CALORIES	PROTÉINES	GLUCIDES	DONT SUCRES	LIPIDES	DONT AGS	FIBRES
309 KCAL	17 G	26,9 G	2,8 G	15,1 G	3,6 G	1,3 G

SANS GLUTEN

LOW CARB

RICHE EN PROTÉINES

FAIBLE EN SUCRE

Gaufres de patate douce saumon-avocat

POUR **4** GAUFRES

PRÉPARATION **15** MIN

CUISSON **10** MIN

INGRÉDIENTS

- 1 PATATE DOUCE (170 G)
- 6 OEUFS
- 5 CL DE LAIT D'AMANDE
- 30 G DE FARINE DE MAÏS
- ½ SACHET DE LEVURE
- 100 G DE GUACAMOLE BY JUJU FITCATS (RECETTE P. 108)
- 4 TRANCHES DE SAUMON FUMÉ
- ½ GRENADE
- HUILE DE COCO POUR LE GAUFRIER

Épluchez la patate douce, coupez-la en rondelles épaisses et faites-la cuire 5 à 7 minutes à puissance maximale dans un four à micro-ondes.

Pesez 150 g de patate douce cuite, puis réduisez-la en une purée bien lisse à l'aide d'un mixeur.

Dans le mixeur, ajoutez 2 œufs, le lait d'amande, la farine de maïs et la levure, puis mixez jusqu'à obtenir une pâte bien homogène.

Faites chauffer le gaufrier et huilez-le.

Faites cuire les gaufres 3 à 5 minutes. En parallèle, faites cuire les 4 œufs restants au plat dans une grande poêle.

Sur chaque gaufre, déposez 25 g de guacamole, 1 tranche de saumon fumé, 1 œuf au plat et quelques graines de grenade.

VALEURS NUTRITIONNELLES
POUR 1 GAUFRE AVEC TOPPING

CALORIES	PROTÉINES	GLUCIDES	DONT SUCRES	LIPIDES	DONT AGS	FIBRES
295 KCAL	19,3 G	17,55 G	2,5 G	16,6 G	2 G	1,4 G

SANS GLUTEN

VÉGÉTARIENNE

LOW CARB

RICHE EN PROTÉINES

FAIBLE EN SUCRE

Pancakes sucrés à la patate douce

PERSONNES	PRÉPARATION	CUISSON
1 OU 2 (7 PANCAKES)	10 MIN	10 MIN

INGRÉDIENTS

- 1 PATATE DOUCE (170 G)
- 5 CL DE LAIT D'AMANDE
- ½ BANANE
- 1 OEUF + 2 BLANCS
- 1 CUIL. À CAFÉ DE BEURRE DE CACAHUÈTES
- HUILE DE COCO POUR LA CUISSON

Épluchez la patate douce, coupez-la en rondelles épaisses et faites-la cuire 5 à 7 minutes au four à micro-ondes.

Pendant ce temps, dans un mixeur, mettez le lait d'amande, la banane écrasée, l'œuf entier, le blanc d'œuf et le beurre de cacahuètes puis mixez.

Pesez 150 g de patate douce cuite et intégrez-la dans le mixeur, puis mixez à nouveau.

Dans une poêle huilée, faites cuire les pancakes 1 minute de chaque côté.

VALEURS NUTRITIONNELLES
POUR 1 PANCAKE

CALORIES	PROTÉINES	GLUCIDES	DONT SUCRES	LIPIDES	DONT AGS	FIBRES
59 KCAL	4,3 G	7 G	1,6 G	1,6 G	0,11 G	0,28 G

SANS GLUTEN

VÉGÉTARIENNE

RICHE EN PROTÉINES

Porridge de patate douce

PERSONNE	PRÉPARATION	CUISSON
1	10 MIN	5 À 7 MIN

INGRÉDIENTS

½ PATATE DOUCE (100 G)
30 G DE FLOCONS D'AVOINE
10 CL DE LAIT D'AMANDE
1 OEUF + 1 BLANC

TOPPING :
½ BANANE
1 CUIL. À SOUPE DE SIROP D'AGAVE
10 G D'AMANDES
NOIX DE COCO RÂPÉE
10 G DE PÉPITES DE CHOCOLAT NOIR 80 %

Épluchez la patate douce, coupez-la en rondelles épaisses et faites-la cuire au four à micro-ondes 5 à 7 minutes.

Pendant ce temps, dans une casserole, mettez les flocons d'avoine et le lait d'amande puis laissez cuire à feu doux en remuant régulièrement jusqu'à ce que les flocons d'avoine gonflent et absorbent le liquide.

Une fois la patate douce cuite, pesez 75 g, réduisez-la en purée à l'aide d'un mixeur et ajoutez-la dans la casserole.

Mélangez bien et, quand la pâte est bien crémeuse, retirez du feu, incorporez l'œuf entier et le blanc d'œuf, mélangez et versez dans un bol.

Ajoutez le topping avant de déguster.

VALEURS NUTRITIONNELLES

CALORIES	PROTÉINES	GLUCIDES	DONT SUCRES	LIPIDES	DONT AGS	FIBRES
510 KCAL	27 G	61,4 G	22,1 G	18,8 G	3,5 G	7,6 G

SANS GLUTEN

VÉGÉTARIENNE

RICHE EN PROTÉINES

FAIBLE EN SUCRE

Tortilla à la patate douce

PERSONNES	PRÉPARATION	CUISSON
2	20 MIN	20 MIN

INGRÉDIENTS

- 2 PATATES DOUCES (250 G)
- 2 OEUFS + 3 BLANCS
- 5 TOMATES SÉCHÉES
- 50 G D'ÉPINARDS
- 5 CL DE LAIT DE COCO
- QUELQUES BRANCHES DE PERSIL FRAIS
- HUILE DE COCO
- SEL, POIVRE

Épluchez les patates douces et coupez-les en très très fines rondelles. Faites-les cuire 5 minutes au four à micro-ondes à puissance maximale.

Dans une poêle, faites revenir les patates douces dans 1 cuillerée à café d'huile de coco pendant 10 minutes à couvert et salez.

Pendant ce temps, battez les œufs entiers et les blancs en omelette. Incorporez les tomates séchées, les épinards, les feuilles de persil et le lait de coco, puis passez au mixeur.

Une fois les patates douces cuites, versez le mélange dans la poêle et laissez cuire à feu doux. Quand l'omelette est cuite d'un côté, retournez-la dans une seconde poêle préalablement huilée pour la faire cuire de l'autre côté. Salez et poivrez. C'est prêt !

VALEURS NUTRITIONNELLES
POUR 1 PORTION

CALORIES	PROTÉINES	GLUCIDES	DONT SUCRES	LIPIDES	DONT AGS	FIBRES
349 KCAL	16,8 G	33 G	1,4 G	16,5 G	9,8 G	1 G

Plaisirs

Apéritifs / entrées

Une autre chose très importante à savoir sur moi… j'adore les apéros dînatoires ! Je trouve qu'il n'y a rien de plus chaleureux, lors d'une soirée entre Fitcats, que de partager nos gamelles et d'aller piquer dans celle du voisin ! Avec ces petites entrées, vous allez donner beaucoup de gaieté à vos soirées !

SANS GLUTEN

LOW CARB

RICHE EN PROTÉINES

FAIBLE EN SUCRE

Blinis de patate douce fourrés

POUR	PRÉPARATION	CUISSON
8 BLINIS	10 MIN	10 MIN

INGRÉDIENTS

- 1 PATATE DOUCE (170 G)
- 1 OEUF + 2 BLANCS
- 5 CL DE LAIT DE SOJA
- 1 CUIL. À CAFÉ DE PURÉE DE SÉSAME
- 35 G DE VIANDE DES GRISONS
- 10 G DE TOMATES SÉCHÉES
- 35 G D'ÉPINARDS
- 1 GOUSSE D'AIL
- HUILE DE COCO

Épluchez la patate douce, coupez-la en rondelles épaisses et faites-la cuire 5 à 7 minutes à puissance maximale dans un four à micro-ondes.

Dans un mixeur, mettez l'œuf entier, les blancs, le lait de soja et la purée de sésame. Mixez jusqu'à obtenir une pâte homogène.

Pesez 150 g de patate douce cuite, réduisez-la en purée grossière et ajoutez-la dans le mixeur puis mixez le tout.

Versez le mélange dans un saladier, ajoutez la viande des Grisons et les tomates séchées coupées en morceaux, l'ail haché, les feuilles d'épinards et remuez bien.

Dans une poêle huilée, faites cuire les blinis 1 minute de chaque côté.

VALEURS NUTRITIONNELLES
POUR 1 BLINI

CALORIES	PROTÉINES	GLUCIDES	DONT SUCRES	LIPIDES	DONT AGS	FIBRES
60 KCAL	4,5 G	4,9 G	0,2 G	2,4 G	0,3 G	0,2 G

SANS GLUTEN

VÉGÉTALIENNE

LOW CARB

FAIBLE EN SUCRE

Houmous de patate douce

PERSONNES	PRÉPARATION	CUISSON
8	10 MIN	5 À 7 MIN

INGRÉDIENTS

- 2 PATATES DOUCES (220 G)
- 150 G DE POIS CHICHES
- 4 CUIL. À SOUPE D'HUILE D'OLIVE
- 1,5 CUIL. À SOUPE DE PURÉE DE SÉSAME
- 2 CUIL. À CAFÉ DE GRAINES DE SÉSAME
- 1 GOUSSE D'AIL
- 3 CUIL. À SOUPE DE JUS DE CITRON VERT
- 1 CUIL. À CAFÉ DE CURCUMA MOULU
- SEL, POIVRE

Épluchez les patates douces, coupez-les en rondelles épaisses et faites-les cuire 5 à 7 minutes à puissance maximale dans un four à micro-ondes.

Pesez 200 g de patate douce cuite, puis réduisez-la en purée à l'aide d'un mixeur. Salez, poivrez et réservez.

Mixez les pois chiches avec l'huile d'olive, la purée de sésame, les graines de sésame et l'ail haché jusqu'à obtenir une texture bien crémeuse. Ajoutez la purée de patate douce et mixez à nouveau.

Assaisonnez avec le jus de citron, le curcuma, du sel, du poivre et mixez une dernière fois.

VALEURS NUTRITIONNELLES

POUR 100 G

CALORIES	PROTÉINES	GLUCIDES	DONT SUCRES	LIPIDES	DONT AGS	FIBRES
201 KCAL	3,9 G	16,4 G	0 G	13,3 G	0,8 G	0,2 G

Douce pour un
et une patate pour tous !

SANS GLUTEN

VÉGÉTARIENNE

LOW CARB

FAIBLE EN SUCRE

Tartinade à la patate douce et chèvre frais

PERSONNES	PRÉPARATION	CUISSON
4	10 MIN	5 À 7 MIN

INGRÉDIENTS

- PATATE DOUCE (120 G)
- 100 G DE YAOURT AU SOJA
- 50 G DE CHÈVRE FRAIS
- LE JUS DE ½ CITRON
- QUELQUES TIGES DE CIBOULETTE
- POIVRE

ACCOMPAGNEMENT :

- 2 TRANCHES DE PAIN (COMPLET, SANS GLUTEN, CÉRÉALES…)
- ½ AVOCAT
- 1 TOMATE
- 1 POIGNÉE DE FEUILLES D'ÉPINARDS
- QUELQUES LAMELLES DE POULET CUIT, DE SAUMON OU DE TOFU

Épluchez la patate douce, coupez-la en rondelles épaisses et faites-la cuire 5 à 7 minutes à puissance maximale dans un four à micro-ondes.

Pendant ce temps, dans un bol, mélangez le yaourt au soja, le chèvre, le jus de citron et la ciboulette ciselée, puis poivrez.

Pesez 100 g de patate douce cuite, puis réduisez-la en purée à l'aide d'un mixeur. Ajoutez au mélange précédent et mélangez vigoureusement. Trempez-y des crudités ou tartinez-en des tranches de pain, à votre guise !

VALEURS NUTRITIONNELLES

POUR 100 G

CALORIES	PROTÉINES	GLUCIDES	DONT SUCRES	LIPIDES	DONT AGS	FIBRES
85 KCAL	4 G	9,3 G	1,1 G	3,3 G	1,9 G	0,2 G

#miam

SANS GLUTEN

VÉGÉTARIENNE

LOW CARB

RICHE EN PROTÉINES

FAIBLE EN SUCRE

Pain à la patate douce

POUR **10** PORTIONS | PRÉPARATION **10** MIN | CUISSON **50** MIN

INGRÉDIENTS

- 2 PATATES DOUCES (220 G)
- 20 CL DE LAIT D'AMANDE
- 100 G DE FARINE DE MAÏS
- 1 SACHET DE LEVURE
- 1 PINCÉE DE SEL
- 2 OEUFS + 3 BLANCS
- 1 CUIL. À SOUPE DE PSYLLIUM
- 15 G DE TOMATES SÉCHÉES
- 15 G DE GRAINES DE LIN
- 15 G DE GRAINES DE SÉSAME
- 50 G DE GRAINES DE COURGE

Préchauffez le four à 180 °C (th. 6).

Épluchez les patates douces, coupez-les en rondelles épaisses et faites-les cuire 5 à 7 minutes à puissance maximale dans un four à micro-ondes.

Pesez 200 g de patate douce cuite, puis réduisez-la en purée à l'aide d'un mixeur.

Dans un saladier, mélangez le lait d'amande, la farine de maïs, la levure, le sel, les œufs entiers, les blancs d'œufs et le psyllium.

Ajoutez la purée de patate douce, les tomates séchées en morceaux, les graines de lin, de sésame et une partie des graines de courge (35 g), puis mélangez à nouveau.

Versez la pâte dans un moule. Répartissez le reste des graines de courge sur le dessus.

Enfournez pour 45 minutes.

VALEURS NUTRITIONNELLES
POUR 1 PORTION

CALORIES	PROTÉINES	GLUCIDES	DONT SUCRES	LIPIDES	DONT AGS	FIBRES
131 KCAL	5,2 G	15,2 G	0,3 G	5,3 G	0,2 G	1,3 G

VÉGÉTARIENNE

LOW CARB

RICHE EN PROTÉINES

FAIBLE EN SUCRE

Patate douce panée

PERSONNES	PRÉPARATION	CUISSON
4	20 MIN	20 MIN

INGRÉDIENTS

1 GROSSE PATATE DOUCE (300 G)
2 OEUFS + 2 BLANCS
75 G DE SON D'AVOINE
75 G DE POUDRE D'AMANDES
15 G DE GRAINES DE LIN
15 G DE GRAINES DE SÉSAME
QUELQUES FEUILLES DE BASILIC FRAIS
QUELQUES TIGES D'AIL DES OURS
100 G DE PARMESAN RÂPÉ
SEL, POIVRE

SAUCE :

GUACAMOLE, KETCHUP OU SAUCE BLANCHE BY JUJU FITCATS (RECETTES P. 108 À 110)

Préchauffez le four à 200 °C (th. 6-7).

Épluchez la patate douce, coupez-la en rondelles épaisses et faites-la cuire 5 à 7 minutes à puissance maximale dans un four à micro-ondes.

Pendant ce temps, dans un premier bol, mélangez les œufs entiers et les blancs. Dans un deuxième bol, mélangez le son d'avoine, la poudre d'amandes, les graines de lin et de sésame, les herbes ciselées, du sel et du poivre. Dans un troisième bol, mettez le parmesan.

Pesez 300 g de patate douce cuite, puis réduisez-la en purée à l'aide d'un mixeur. Formez de petites boules.

Trempez les boules dans le premier bol, puis dans le deuxième et enfin dans le troisième, et répétez l'opération dans le deuxième et le troisième. Déposez au fur et à mesure les boules panées sur une plaque de four recouverte d'un papier cuisson.

Enfournez pour 20 à 25 minutes jusqu'à ce que la panure soit bien dorée (surveillez la cuisson !).

Servez avec les sauces en apéro pour faire trempette !

VALEURS NUTRITIONNELLES
POUR 1 BOUCHÉE

CALORIES	PROTÉINES	GLUCIDES	DONT SUCRES	LIPIDES	DONT AGS	FIBRES
151 KCAL	8,2 G	7,5 G	0,3 G	8,4 G	1,9 G	1,4 G

SANS GLUTEN

VÉGÉTALIENNE

LOW CARB

Velouté de patate douce et butternut au lait de coco

INGRÉDIENTS

250 G DE PATATES DOUCES
250 G DE COURGE BUTTERNUT
1 OIGNON
1 GOUSSE D'AIL
25 CL DE LAIT DE COCO
½ CUIL. À CAFÉ DE CURRY
1 PINCÉE DE MUSCADE
½ CUIL. À CAFÉ DE CURCUMA
20 G DE PURÉE DE NOISETTES
1 POIGNÉE DE NOISETTES
1 CUIL. À SOUPE DE SIROP DE COCO
GRAINES DE COURGE
5 G D'HUILE DE COCO
SEL, POIVRE

PERSONNES 4 | PRÉPARATION 20 MIN | CUISSON 10 MIN

Épluchez les patates douces et la courge butternut, coupez-les en rondelles épaisses et faites-les cuire 5 à 7 minutes à puissance maximale dans un four à micro-ondes.

Dans une poêle huilée, faites revenir l'ail et l'oignon hachés, puis intégrez la courge et la patate douce.

Dans un mixeur, mettez le lait de coco, les épices ainsi que la purée de noisettes. Incorporez petit à petit le mélange de légumes en mixant. Salez, poivrez, puis versez dans des bols.

Faites dorer les noisettes dans le sirop de coco à la poêle, répartissez-les sur les veloutés avec les graines de courge.

VALEURS NUTRITIONNELLES
POUR 1 PORTION

CALORIES	PROTÉINES	GLUCIDES	DONT SUCRES	LIPIDES	DONT AGS	FIBRES
240 KCAL	4,9 G	28,6 G	8,6 G	12,8 G	5 G	2,2 G

Envies

Tartines

Ici, petits Fitcats, pas de calories ni de macronutriments en vue, c'est votre faim et votre gourmandise qui guideront vos envies ! Je partage simplement avec vous mes petites idées de tartines de patate douce, à manger seul ou à partager et je laisse libre cours à votre imagination pour créer de nouvelles combinaisons ! Étant une inconditionnelle fan de brunch, je vous assure que ces recettes s'y prêtent parfaitement. Mais, rassurez-vous, si vous les aimez tant, vous pouvez les manger à n'importe quel moment ; au petit déjeuner, au goûter, à l'apéro… Bref, à vous de jouer !

SANS GLUTEN

VÉGÉTALIENNE

FAIBLE EN SUCRE

Tartines de patate douce banane-beurre de cacahuètes

PERSONNE	PRÉPARATION	CUISSON
1 (2 TARTINES)	15 MIN	5 À 7 MIN

INGRÉDIENTS

- 1 PATATE DOUCE DE TAILLE MOYENNE
- 2 CUIL. À CAFÉ DE BEURRE DE CACAHUÈTES
- 1 PETITE BANANE
- 10 G DE CACAHUÈTES
- CANNELLE MOULUE
- 1 CUIL. À CAFÉ DE SIROP D'ÉRABLE
- QUELQUES COPEAUX DE NOIX DE COCO
- 1 CARRÉ DE CHOCOLAT NOIR 75 %

Rincez et découpez la patate douce dans sa longueur, sans la peler, en fines tranches (pas plus de 1 cm d'épaisseur) et faites cuire les tranches 5 à 7 minutes au four à micro-ondes à puissance maximale.

Tartinez chaque tranche de patate douce avec 1 cuillerée à café de beurre de cacahuètes. Découpez la banane en rondelles ; disposez-les sur les tartines.

Ajoutez les cacahuètes concassées, un peu de cannelle, un filet de sirop d'érable. Disposez les copeaux de noix de coco. Enfin, râpez le chocolat noir sur les tartines.

Idéal pour le petit déjeuner et le goûter

17:35
JujuFitcats
Aujourd'hui 17:3
Coucou mon peti
Tu fais quoi?
Je finis mon p'ti dej
file à la salle de sport
Distrib
iMessage

SANS GLUTEN

VÉGÉTARIENNE

FAIBLE EN SUCRE

Tartines de patate douce soja-myrtilles

INGRÉDIENTS

- 1 PATATE DOUCE DE TAILLE MOYENNE
- 100 G DE MYRTILLES
- 1 YAOURT AU SOJA (100 G)
- 2 CUIL. À CAFÉ DE MIEL
- 1 CUIL. À CAFÉ DE GRAINES DE CHIA
- CANNELLE MOULUE
- 10 G DE NOIX DE PÉCAN
- QUELQUES FEUILLES DE MENTHE FRAÎCHES

PERSONNE	PRÉPARATION	CUISSON	CONGÉLATION
1 (OU À PARTAGER)	15 MIN	5 À 7 MIN	1 HEURE

Dans un bol, mélangez le yaourt au soja avec 1 cuillerée à café de miel et les graines de chia. Mettez au frais pendant 1 heure (pour laisser gonfler les graines de chia).

Rincez et découpez la patate douce dans sa longueur, sans la peler, en fines tranches (pas plus de 1 cm d'épaisseur) et faites cuire les tranches 5 à 7 minutes au four à micro-ondes à puissance maximale.

Tartinez chaque tranche de patate douce avec la préparation à base de graines de chia.

Disposez les myrtilles. Ajoutez le miel restant. Parsemez de cannelle, des noix de pécan concassées et de menthe ciselée.

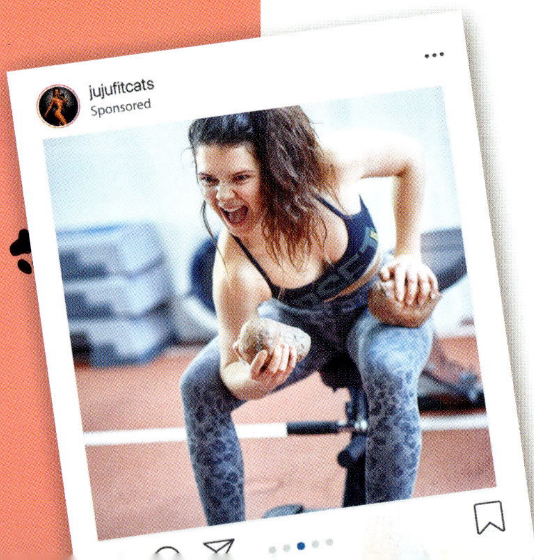

Idéal pour le petit déjeuner et le goûter

Votre maman Fitcats qui vous aime !

SANS GLUTEN

RICHE EN PROTÉINES

FAIBLE EN SUCRE

Tartines de patate douce saumon-avocat

INGRÉDIENTS

- 1 PATATE DOUCE DE TAILLE MOYENNE
- ½ AVOCAT
- 2 TRANCHES DE SAUMON FUMÉ
- 10 G DE FETA
- ½ OIGNON ROUGE
- 1 POIGNÉE DE ROQUETTE
- ½ CITRON VERT
- QUELQUES FEUILLES DE PERSIL FRAIS
- QUELQUES FEUILLES DE BASILIC FRAIS
- SEL, POIVRE

PERSONNE **1** (OU À PARTAGER) | PRÉPARATION **15** MIN | CUISSON **5 À 7** MIN

Rincez et découpez la patate douce dans sa longueur, sans la peler, en fines tranches (pas plus de 1 cm d'épaisseur) et faites cuire les tranches 5 à 7 minutes au four à micro-ondes à puissance maximale.

Découpez l'avocat en fines lamelles ; déposez-les sur les tartines.

Ajoutez 1 tranche de saumon fumé sur chaque tartine.

Émiettez la feta sur les tartines. Parsemez d'oignon rouge émincé, de feuilles de roquette. Ajoutez un peu de jus de citron vert.

Salez, poivrez et décorez avec du persil et du basilic ciselés.

Idéal en plat ou à partager en entrée ou à l'apéro

#maaanger

SANS GLUTEN

RICHE EN PROTÉINES

FAIBLE EN SUCRE

Tartines de patate douce ricotta-bresaola-tomate séchée

INGRÉDIENTS

1 PATATE DOUCE DE TAILLE MOYENNE
50 G DE RICOTTA
6 TRANCHES DE BRESAOLA
QUELQUES TOMATES SÉCHÉES
½ OIGNON ROUGE
1 POIGNÉE DE ROQUETTE
1 CUIL. À SOUPE D'HUILE D'OLIVE
QUELQUES FEUILLES DE PERSIL FRAIS
QUELQUES FEUILLES DE BASILIC FRAIS
SEL, POIVRE

PERSONNE 1 (OU À PARTAGER)

PRÉPARATION 15 MIN

CUISSON 5 À 7 MIN

Rincez et découpez la patate douce dans sa longueur, sans la peler, en fines tranches (pas plus de 1 cm d'épaisseur) et faites cuire les tranches 5 à 7 minutes au four à micro-ondes à puissance maximale.

Dans un bol, mélangez la ricotta, le basilic et le persil frais, du sel et du poivre. Tartinez ce mélange sur les tranches de patate douce.

Ajoutez 3 tranches de bresaola chiffonnées par tartine. Parsemez de tomates séchées coupées en dés, d'oignon rouge émincé. Disposez les feuilles de roquette, arrosez d'huile d'olive.

Idéal en plat ou à partager en entrée ou à l'apéro

SANS GLUTEN

VÉGÉTARIENNE

FAIBLE EN SUCRE

Tartines de patate douce au fromage de chèvre

PERSONNE	PRÉPARATION	CUISSON
1 (OU À PARTAGER)	15 MIN	5 À 7 MIN

INGRÉDIENTS

- 1 PATATE DOUCE DE TAILLE MOYENNE
- 2 CUIL. À SOUPE DE FROMAGE DE CHÈVRE FRAIS
- 4 FIGUES FRAÎCHES
- 1 POIGNÉE DE NOIX
- 1 POIGNÉE DE ROQUETTE
- 2 CUIL. À CAFÉ DE MIEL
- QUELQUES BRANCHES DE PERSIL FRAIS
- SEL, POIVRE

Rincez et découpez la patate douce dans sa longueur, sans la peler, en fines tranches (pas plus de 1 cm d'épaisseur) et faites cuire les tranches 5 à 7 minutes au four à micro-ondes à puissance maximale.

Tartinez chaque tranche de patate douce de chèvre frais. Salez et poivrez. Ajoutez le persil ciselé.

Coupez les figues en fines tranches et disposez-les sur les tartines.

Torréfiez les noix quelques minutes dans une poêle à sec, à feu doux.

Recouvrez les tartines de noix torréfiées concassées. Ajoutez quelques feuilles de roquette et terminez par le miel.

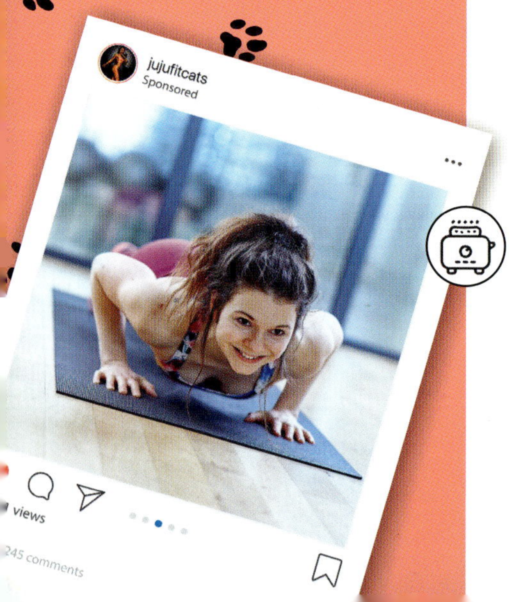

Idéal en plat ou à partager en entrée ou à l'apéro

Jujufitcats
de patate douce !!
ta patate douce
j'ai la patate
douce my love
kif la patate douce
douce fan club

SANS GLUTEN

VÉGÉTARIENNE

FAIBLE EN SUCRE

Tartines de patate douce saumon-guacamole-œufs mollets

PERSONNE	PRÉPARATION	CUISSON
1	15 MIN	12 MIN

INGRÉDIENTS

- 1 PATATE DOUCE DE TAILLE MOYENNE
- 2 CUIL. À SOUPE DE GUACAMOLE BY JUJU FITCATS (RECETTE P. 108)
- 2 TRANCHES DE SAUMON FUMÉ
- 2 OEUFS
- LE JUS DE 1 CITRON VERT
- QUELQUES BRANCHES DE PERSIL FRAIS
- QUELQUES BRANCHES DE BASILIC FRAIS
- VINAIGRE
- SEL, POIVRE

Rincez et découpez la patate douce dans sa longueur, sans la peler, en fines tranches (pas plus de 1 cm d'épaisseur) et faites cuire les tranches 5 à 7 minutes au four à micro-ondes à puissance maximale.

Tartinez chaque tranche de patate douce de 1 cuillerée à soupe de guacamole by Juju Fitcats. Disposez les tranches de saumon.

Faites bouillir de l'eau dans une casserole avec un peu de vinaigre, cassez-y les œufs, et laissez cuire 6 minutes. Sortez les œufs à l'aide d'une écumoire, écalez-les après les avoir passés sous l'eau froide et posez-les délicatement sur les tartines.

Parsemez d'herbes ciselées. Arrosez de jus de citron vert. Salez et poivrez.

Idéal pour le petit déjeuner

#miam

SANS GLUTEN

RICHE EN PROTÉINES

FAIBLE EN SUCRE

Tartines de patate douce feta-tomates cerises

INGRÉDIENTS

- 1 PATATE DOUCE DE TAILLE MOYENNE
- 1 YAOURT AU SOJA
- 15 G DE FETA
- QUELQUES TOMATES CERISES
- ½ AVOCAT
- ½ OIGNON ROUGE
- 1 CITRON VERT
- QUELQUES FEUILLES DE MÂCHE
- QUELQUES FEUILLES DE PERSIL FRAIS
- QUELQUES FEUILLES DE BASILIC FRAIS
- 1 CUIL. À SOUPE D'HUILE D'OLIVE
- SEL, POIVRE

PERSONNE	PRÉPARATION	CUISSON
1 (OU À PARTAGER)	15 MIN	5 À 7 MIN

Pelez et découpez la patate douce dans sa longueur en fines tranches (pas plus de 1 cm d'épaisseur) et faites cuire les tranches 5 à 7 minutes au four à micro-ondes à puissance maximale.

Dans un bol, mélangez le yaourt au soja, la feta émiettée, le basilic et le persil ciselés, du sel et du poivre. Tartinez les tranches de patate douce de ce mélange.

Coupez les tomates cerises en deux et l'avocat en fines tranches. Sur chaque tartine, disposez les tomates cerises d'un côté et l'avocat de l'autre.

Parsemez d'oignon rouge ciselé. Ajoutez quelques gouttes de jus de citron vert, quelques feuilles de mâche. Arrosez d'un filet d'huile d'olive.

Idéal en plat ou à partager en entrée ou à l'apéro

Saveurs

Plats

Que vous ayez l'envie de découvrir des saveurs totalement inconnues, de renouer avec les plats de votre enfance, de faire attention à votre ligne ou de vous faire plaisir sans culpabiliser, ces plats sauront vous charmer et, croyez-moi les petits chats,il y en a pour tous les goûts !

SANS GLUTEN

RICHE EN PROTÉINES

Burger de saumon à la patate douce

PERSONNE	PRÉPARATION	CUISSON
1	15 MIN	15 MIN

INGRÉDIENTS

- 1 BELLE PATATE DOUCE (185 G)
- 1 PAVÉ DE SAUMON (125 G)
- ½ OIGNON ROUGE
- 30 G DE GUACAMOLE BY JUJU FITCATS (RECETTE P. 108)
- QUELQUES FEUILLES D'ÉPINARDS
- FETA ALLÉGÉE (9 % DE MG)
- SEL, POIVRE

Coupez la patate douce de façon à obtenir 2 belles tranches de 2 cm d'épaisseur pour former le « pain à burger ».

Faites-les cuire 5 à 7 minutes à puissance maximale au four à micro-ondes.

Pendant ce temps, pelez et émincez l'oignon rouge. Faites revenir le pavé de saumon dans une poêle antiadhésive, en le retournant à mi-cuisson, jusqu'à ce qu'il ne soit plus rosé à l'intérieur.

Tartinez 1 tranche de patate douce de guacamole by Juju Fitcats, déposez les feuilles d'épinards, puis émiettez un peu de feta. Déposez dessus le saumon cuit. Salez, poivrez.

Ajoutez l'oignon rouge émincé et fermez le burger avec la 2e tranche de patate douce.

VALEURS NUTRITIONNELLES

CALORIES	PROTÉINES	GLUCIDES	DONT SUCRES	LIPIDES	DONT AGS	FIBRES
458 KCAL	35 G	45 G	11,6 G	14,4 G	1,3 G	1 G

Un Fitcat
retombe toujours
sur ses pattes !

SANS GLUTEN

RICHE EN PROTÉINES

Burger à la patate douce

PERSONNE	PRÉPARATION	CUISSON
1	10 MIN	10 MIN

INGRÉDIENTS

- 1 BELLE PATATE DOUCE (185 G)
- 1 STEAK HACHÉ À 5 % DE MG (125 G)
- ½ OIGNON ROUGE
- QUELQUES COPEAUX DE PARMESAN
- 30 G DE KETCHUP BY JUJU FITCATS (RECETTE P. 110)
- 30 G DE GUACAMOLE BY JUJU FITCATS (RECETTE P. 108)
- 1 POIGNÉE DE ROQUETTE

Coupez la patate douce de façon à obtenir 2 belles tranches de 2 cm d'épaisseur pour former le « pain à burger ».

Faites-les cuire 5 à 7 minutes à puissance maximale au four à micro-ondes.

Pendant ce temps, pelez et émincez l'oignon rouge. Faites cuire le steak haché dans une poêle antiadhésive. Une fois que les deux faces sont cuites, déposez les copeaux de parmesan sur le steak et laissez fondre.

Sur une tranche de patate douce, étalez le ketchup de Juju Fitcats, déposez la roquette, le steak, étalez le guacamole, puis répartissez l'oignon rouge émincé.

Fermez le burger avec la 2e tranche de patate douce.

VALEURS NUTRITIONNELLES

CALORIES	PROTÉINES	GLUCIDES	DONT SUCRES	LIPIDES	DONT AGS	FIBRES
467 KCAL	34,1 G	46,5 G	13,4 G	15,4 G	2,6 G	1,4 G

VÉGÉTARIENNE

LOW CARB

FAIBLE EN SUCRE

Croquettes de patate douce

PERSONNES	PRÉPARATION	CUISSON
4 (8 CROQUETTES)	15 MIN	10 MIN

INGRÉDIENTS

- 2 PATATES DOUCES (320 G)
- 2 OEUFS
- 50 G DE SON D'AVOINE
- 40 G DE FETA
- 1 GOUSSE D'AIL
- 30 G D'OIGNON ROUGE
- PAPRIKA MOULU
- QUELQUES BRANCHES DE PERSIL FRAIS
- HUILE D'OLIVE
- SEL, POIVRE

Épluchez les patates douces, coupez-les en rondelles épaisses et faites-les cuire 5 à 7 minutes à puissance maximale dans un four à micro-ondes.

Pesez 300 g de patate douce cuite, puis réduisez-la en purée à l'aide d'un mixeur.

Versez la purée dans un bol, intégrez les œufs, le son d'avoine, la feta émiettée, l'ail et l'oignon ciselés, un peu de paprika, les feuilles de persil ainsi que 4 cuillerées à soupe d'huile d'olive, puis salez et poivrez. Mélangez jusqu'à obtenir une pâte bien homogène.

Formez 8 galettes de taille homogène.

Faites chauffer de l'huile d'olive dans un poêle et faites revenir les croquettes jusqu'à ce qu'elles soient bien dorées sur le dessus et fondantes à l'intérieur.

Dégustez chaud. Vous pouvez les servir accompagnées de la sauce blanche by Juju Fitcats (recette p. 109).

VALEURS NUTRITIONNELLES
POUR 2 CROQUETTES

CALORIES	PROTÉINES	GLUCIDES	DONT SUCRES	LIPIDES	DONT AGS	FIBRES
280 KCAL	6,8 G	22,9 G	0,3 G	13,8 G	0,4 G	0,2 G

SANS GLUTEN

VÉGÉTALIENNE

FAIBLE EN SUCRE

Frites de patate douce

PERSONNES	PRÉPARATION	CUISSON
6	10 MIN	35 MIN

INGRÉDIENTS

- 1 KG DE PATATES DOUCES
- 4 CUIL. À SOUPE D'HUILE D'OLIVE
- 1 CUIL. À CAFÉ DE PAPRIKA
- 1 CUIL. À CAFÉ DE CUMIN
- 1 CUIL. À CAFÉ DE MUSCADE
- 2 CUIL. À CAFÉ D'HERBES DE PROVENCE
- 2 CUIL. À CAFÉ DE BASILIC SEC
- SEL, POIVRE

Préchauffez le four à 180 °C (th. 6). Lavez, puis épluchez les patates douces.

Découpez les patates douces dans la longueur, en forme de frites ;
plus elles seront fines et plus elles seront croustillantes. À l'inverse, plus elles seront épaisses et plus elles seront moelleuses.

Dans un saladier, préparez un mélange avec l'huile d'olive, les épices, les herbes de Provence et le basilic.

Trempez les frites de patate douce dans le mélange et laissez imbiber.

Déposez les frites sur une plaque de cuisson recouverte de papier sulfurisé.

Enfournez pour 35 minutes (surveillez la cuisson en fonction de l'efficacité de votre four afin que les frites ne brûlent pas, et laissez plus ou moins longtemps si besoin !) .

À la sortie du four, salez et poivrez.

VALEURS NUTRITIONNELLES
POUR 1 PORTION

CALORIES	PROTÉINES	GLUCIDES	DONT SUCRES	LIPIDES	DONT AGS	FIBRES
227 KCAL	2 G	38,3 G	0 G	7,2 G	0 G	0 G

SANS GLUTEN

LOW CARB

RICHE EN PROTÉINES

FAIBLE EN SUCRE

Gaufres de patate douce à l'italienne

POUR	PRÉPARATION	CUISSON
4 GAUFRES	15 MIN	10 MIN

INGRÉDIENTS

1 PATATE DOUCE (170 G)
2 OEUFS
5 CL DE LAIT D'AMANDE
30 G DE FARINE DE SARRASIN
½ SACHET DE LEVURE
35 G DE VIANDE DES GRISONS
10 G DE TOMATES SÉCHÉES
25 G DE PARMESAN RÂPÉ
HUILE DE COCO POUR LE GAUFRIER

Épluchez la patate douce, coupez-la en rondelles épaisses et faites-la cuire 5 à 7 minutes à puissance maximale dans un four à micro-ondes.

Pendant ce temps, dans un blender, mélangez les œufs, le lait d'amande, la farine et la levure.

Pesez 150 g de patate douce cuite, puis réduisez-la en une purée bien lisse à l'aide d'un mixeur.

Versez la préparation aux œufs et la purée de patate douce dans un saladier, ajoutez les tomates séchées et la viande des Grisons coupées en morceaux, puis mélangez. Intégrez le parmesan râpé.

Faites chauffer le gaufrier et huilez-le.

Faites cuire les gaufres 3 à 5 minutes.

VALEURS NUTRITIONNELLES

POUR 1 GAUFRE

CALORIES	PROTÉINES	GLUCIDES	DONT SUCRES	LIPIDES	DONT AGS	FIBRES
159 KCAL	11,4 G	14,5 G	0,9 G	6,8 G	1,5 G	0,8 G

SANS GLUTEN

VÉGÉTARIENNE

FAIBLE EN SUCRE

Gnocchis de patate douce

PERSONNES	PRÉPARATION	CUISSON
2	30 MIN	10 MIN

INGRÉDIENTS

- 2 PATATES DOUCES (320 G)
- 75 G DE FARINE DE MAÏS + UN PEU POUR LE PLAN DE TRAVAIL
- 50 G DE FÉCULE DE MAÏS
- 2 CUIL. À SOUPE D'HUILE D'OLIVE
- 1 JAUNE D'OEUF
- QUELQUES BRANCHES DE BASILIC FRAIS
- ½ CUIL. À CAFÉ DE CURCUMA
- SEL, POIVRE

Épluchez les patates douces, coupez-les en rondelles épaisses et faites-les cuire 5 à 7 minutes à puissance maximale dans un four à micro-ondes. Pesez 300 g de patate douce cuite, puis réduisez-la en purée à l'aide d'un mixeur.

Versez la purée de patate douce dans un saladier et ajoutez la farine de maïs, la fécule, l'huile d'olive, le jaune d'œuf, les feuilles de basilic, le curcuma, puis salez et poivrez.

Pétrissez la pâte avec les mains jusqu'à ce qu'elle se décolle du saladier. Recouvrez le plan de travail de farine de maïs et déposez-y la pâte.

Roulez des « saucisses » de pâte. Formez de petits boudins à la main et aplatissez-les légèrement avec les dents d'une fourchette.

Plongez les gnocchis dans de l'eau bouillante, ils sont cuits dès qu'ils remontent à la surface (3 minutes en général).

Dégustez-les seuls ou avec le ketchup by Juju Fitcats (recette p. 110).

VALEURS NUTRITIONNELLES
POUR 1 PORTION

CALORIES	PROTÉINES	GLUCIDES	DONT SUCRES	LIPIDES	DONT AGS	FIBRES
441 KCAL	6,5 G	77 G	9,2 G	12,5 G	0 G	2 G

SANS GLUTEN

VÉGÉTARIENNE

FAIBLE EN SUCRE

Gratin de patates douces

PERSONNES	PRÉPARATION	CUISSON
8	15 MIN	45 MIN

INGRÉDIENTS

- 1 KG DE PATATES DOUCES
- 10 CL DE LAIT DE COCO
- 20 CL DE CRÈME DE COCO
- 180 G DE PARMESAN RÂPÉ
- QUELQUES BRANCHES DE BASILIC FRAIS
- 100 G DE NOIX
- SEL, POIVRE

Préchauffez le four à 200 °C (th. 6-7).

Épluchez les patates douces et coupez-les en fines tranches. Étalez-en deux couches au fond d'un plat à gratin.

Mélangez le lait et la crème de coco, puis salez et poivrez à votre convenance.

Recouvrez les patates douces du mélange coco, puis parsemez de parmesan et de feuilles de basilic ciselées. Renouvelez les couches de patates douces, puis de mélange coco. Parsemez de noix concassées. Salez et poivrez.

Enfournez pour 45 minutes.

VALEURS NUTRITIONNELLES
POUR 1 PORTION

CALORIES	PROTÉINES	GLUCIDES	DONT SUCRES	LIPIDES	DONT AGS	FIBRES
351 KCAL	12,8 G	31,2 G	0,8 G	19,9 G	9,4 G	1,1 G

SANS GLUTEN

VÉGÉTALIENNE

LOW CARB

FAIBLE EN SUCRE

Falafels de patate douce

POUR	PRÉPARATION	CUISSON
10 FALAFELS	15 MIN	35 MIN

INGRÉDIENTS

2 PATATES DOUCES (270 G)
250 G DE POIS CHICHES
2 CUIL. À SOUPE D'HUILE D'OLIVE
1 OIGNON ROUGE
3 GOUSSES D'AIL
½ CUIL. À CAFÉ DE CUMIN MOULU
½ CUIL. À CAFÉ DE CURCUMA MOULU
½ BOUQUET DE PERSIL
½ BOUQUET DE CORIANDRE
1 CUIL. À SOUPE DE GRAINES DE CHIA
1 CUIL. À CAFÉ DE BICARBONATE ALIMENTAIRE
SEL, POIVRE

Préchauffez le four à 180 °C (th. 6).

Épluchez les pois chiches. Mettez-les avec l'huile d'olive dans un mixeur et donnez de petites impulsions de façon à ce qu'ils s'amalgament, jusqu'à obtenir une pâte bien homogène. Versez dans un saladier.

Pelez et hachez l'oignon rouge et les gousses d'ail.

Épluchez les patates douces, coupez-les en rondelles épaisses et faites-les cuire 5 à 7 minutes à puissance maximale dans un four à micro-ondes (cuisson impérative au micro-ondes pour une bonne tenue des falafels). Pesez 250 g de patate douce cuite, puis réduisez-la en purée à l'aide du mixeur.

Versez la purée de patate douce sur la purée de pois chiches et mélangez vigoureusement. Ajoutez les épices, l'ail et l'oignon émincés ainsi que les herbes hachées, salez, poivrez et mélangez à nouveau. Incorporez les graines de chia et le bicarbonate.

Formez une dizaine de boulettes. Déposez-les sur une plaque de cuisson recouverte de papier sulfurisé. Enfournez pour 30 à 35 minutes en les retournant de chaque côté régulièrement. Dégustez dans un pain pita, avec un peu de sauce blanche by Juju Fitcats (recette p. 109).

VALEURS NUTRITIONNELLES
POUR 1 FALAFEL

CALORIES	PROTÉINES	GLUCIDES	DONT SUCRES	LIPIDES	DONT AGS	FIBRES
78 KCAL	2,1 G	10,2 G	7,7 G	2,8 G	0,3 G	0,5 G

SANS GLUTEN

RICHE EN PROTÉINES

FAIBLE EN SUCRE

Patate douce à la bolognaise maison

PERSONNES	PRÉPARATION	CUISSON
2	15 MIN	10 MIN

INGRÉDIENTS

350 G DE PATATES DOUCES
200 G DE BOEUF À 5 % DE MG
100 G DE KETCHUP BY JUJU FITCATS (RECETTE P. 110)
QUELQUES BRANCHES DE BASILIC FRAIS
1 CUIL. À SOUPE DE PARMESAN RÂPÉ
HUILE D'OLIVE
SEL, POIVRE

Lavez les patates douces. Coupez-les en deux. Faites des entailles dans la chair. Faites cuire 5 à 7 minutes au four à micro-ondes.

Écrasez la chair à l'intérieur des demi-patates douces, sans casser la peau, de façon à obtenir un écrasé.

Dans une casserole, faites revenir la viande dans un filet d'huile d'olive à feu moyen. Dès qu'elle est presque cuite, ajoutez le ketchup de Juju Fitcats. Laissez mijoter à feu doux quelques minutes.

Intégrez la « bolognaise » à l'intérieur des patates douces. Parsemez de basilic ciselé et de parmesan râpé. Salez et poivrez.

Servez aussitôt.

VALEURS NUTRITIONNELLES
POUR 1 PORTION

CALORIES	PROTÉINES	GLUCIDES	DONT SUCRES	LIPIDES	DONT AGS	FIBRES
431 KCAL	24,4 G	43,4 G	3,9 G	17,6 G	0,4 G	0,9 G

SANS GLUTEN

RICHE EN PROTÉINES

FAIBLE EN SUCRE

Patate douce au four à la mexicaine

PERSONNES	PRÉPARATION	CUISSON
2	15 MIN	10 MIN

INGRÉDIENTS

- 1 GROSSE PATATE DOUCE
- 200 G DE BOEUF HACHÉ À 5 % DE MG
- 100 G DE HARICOTS ROUGES CUITS
- 60 G DE GUACAMOLE BY JUJU FITCATS (RECETTE P. 108)
- 50 G DE MAÏS
- ½ CUIL. À CAFÉ DE PAPRIKA MOULU
- 1 PINCÉE DE MUSCADE RÂPÉE
- 1 PINCÉE DE CUMIN MOULU
- 2 GOUSSES D'AIL
- 2 OIGNONS
- QUELQUES BRANCHES DE PERSIL FRAIS
- 2 CUIL. À SOUPE D'HUILE D'OLIVE
- SEL, POIVRE

Lavez la patate douce. Coupez-la en deux. Faites cuire 5 à 7 minutes au four à micro-ondes.

Dans une poêle avec l'huile d'olive, faites revenir l'ail et les oignons émincés. Ajoutez du paprika, du cumin et de la muscade. Laissez cuire 1 minute, puis intégrez les haricots rouges. Salez, poivrez.

Intégrez la viande au dernier moment pour qu'elle ne soit pas trop cuite.

Répartissez le guacamole sur les moitiés de patate douce cuites.

Intégrez le chili au centre des patates douces. Parsemez de grains de maïs et de persil ciselé.

VALEURS NUTRITIONNELLES
POUR 1 PORTION

CALORIES	PROTÉINES	GLUCIDES	DONT SUCRES	LIPIDES	DONT AGS	FIBRES
510 KCAL	27 G	55,9 G	0 G	24,3 G	0 G	0,8 G

SANS GLUTEN

VÉGÉTARIENNE

FAIBLE EN SUCRE

Salade de patate douce d'été

PERSONNE	PRÉPARATION	CUISSON
1	15 MIN	5 À 7 MIN

INGRÉDIENTS

150 G DE PATATE DOUCE
½ AVOCAT
½ ANANAS
½ GRENADE
20 G DE FETA
35 G DE ROQUETTE
10 G DE NOIX DE PÉCAN

SAUCE ÉTÉ :

1 CUIL. À SOUPE D'HUILE D'OLIVE
LES GRAINES DE 1 FRUIT DE LA PASSION
LE JUS DE L'ANANAS
LE JUS DE ½ CITRON VERT
1 CUIL. À CAFÉ DE SIROP DE COCO
1 PINCÉE DE GINGEMBRE MOULU
1 CUIL. À CAFÉ DE GRAINES DE SÉSAME
SEL, POIVRE

Faites cuire la patate douce au four à micro-ondes pendant 5 à 7 minutes à la puissance maximale. Coupez-la en cubes, puis laissez-la refroidir.

Pendant ce temps, préparez la sauce en mélangeant tous les ingrédients dans un bol.

Découpez l'avocat en cubes. Épluchez, puis découpez l'ananas en cubes également.

Sur une assiette, déposez un lit de roquette. Ajoutez les cubes d'ananas, de patate douce et d'avocat. Émiettez la feta. Répartissez les noix de pécan et parsemez de graines de grenade. Versez la sauce et dégustez.

VALEURS NUTRITIONNELLES

CALORIES	PROTÉINES	GLUCIDES	DONT SUCRES	LIPIDES	DONT AGS	FIBRES
650 KCAL	18 G	55 G	6 G	40 G	6 G	3 G

SANS GLUTEN

VÉGÉTARIENNE

FAIBLE EN SUCRE

Salade de patate douce d'hiver

PERSONNE	PRÉPARATION	CUISSON
1	10 MIN	5 À 7 MIN

INGRÉDIENTS

150 G DE PATATE DOUCE
½ AVOCAT
1 POMME
35 G D'ÉPINARDS
20 G DE CHÈVRE FRAIS
10 G DE NOIX

SAUCE HIVER :
1 CUIL. À CAFÉ MIEL
1 CUIL. À SOUPE D'HUILE D'OLIVE
LE JUS DE ½ CITRON VERT
1 CUIL. À CAFÉ DE GRAINES DE LIN
SEL, POIVRE

Faites cuire la patate douce au four à micro-ondes pendant 5 à 7 minutes à la puissance maximale. Coupez-la en cubes, puis laissez-la refroidir.

Pendant ce temps, préparez la sauce en mélangeant tous les ingrédients dans un bol.

Découpez l'avocat en cubes. Épluchez et détaillez la pomme en fines lamelles.

Sur une assiette, déposez un lit d'épinards. Ajoutez les lamelles de pomme, les cubes de patate douce et d'avocat, émiettez le chèvre frais, répartissez les noix. Versez la sauce et dégustez.

VALEURS NUTRITIONNELLES

CALORIES	PROTÉINES	GLUCIDES	DONT SUCRES	LIPIDES	DONT AGS	FIBRES
555 KCAL	8,7 G	55,3 G	5,1 G	33 G	2,4 G	3,2 G

#miam

SANS GLUTEN

VÉGÉTALIENNE

FAIBLE EN SUCRE

Wraps de patate douce

POUR	PRÉPARATION	CUISSON
6 WRAPS	10 MIN	5 MIN

INGRÉDIENTS

- 200 G DE FARINE DE PATATE DOUCE
- 100 G DE FARINE DE FLOCONS D'AVOINE
- 1 PINCÉE DE SEL
- 1 PINCÉE DE CANNELLE MOULUE
- 1 PINCÉE DE MUSCADE RÂPÉE
- 2 CUIL. À CAFÉ DE SIROP DE COCO
- 1 CUIL. À SOUPE D'HUILE D'OLIVE

Dans un saladier, mettez les farines, le sel, les épices, le sirop de coco, l'huile d'olive et 15 cl d'eau. Mélangez bien jusqu'à obtenir une pâte lisse et homogène.

Faites cuire les galettes dans une crêpière antiadhésive, 1 min 30 de chaque côté.

Garnissez ce wrap avec votre topping préféré !

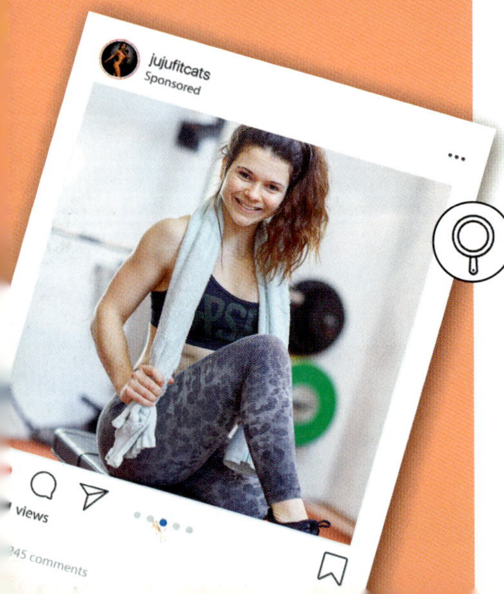

VALEURS NUTRITIONNELLES
POUR 1 WRAP (SANS GARNITURE)

CALORIES	PROTÉINES	GLUCIDES	DONT SUCRES	LIPIDES	DONT AGS	FIBRES
204 KCAL	3,3 G	37,1 G	4,8 G	3,5 G	0,4 G	3,3 G

SANS GLUTEN

VÉGÉTARIENNE

LOW CARB

Pâte à pizza à la patate douce

POUR	PRÉPARATION	CUISSON
8 PARTS	30 MIN	25 MIN

INGRÉDIENTS

- 2 PATATES DOUCES (220 G)
- 150 G DE FARINE DE SARRASIN + UN PEU POUR LE PLAN DE TRAVAIL
- 1 CUIL. À CAFÉ DE LEVURE CHIMIQUE
- 1 CUIL. À SOUPE D'HUILE D'OLIVE
- PAPRIKA MOULU
- QUELQUES BRANCHES DE BASILIC FRAIS
- QUELQUES BRANCHES DE PERSIL FRAIS
- SEL, POIVRE

GARNITURE 1 :

- 5 CUIL. À SOUPE DE KETCHUP BY JUJU FITCATS (RECETTE P. 110)
- TOMATES CERISES FRAÎCHES
- MOZZARELLA
- CHAMPIGNONS
- ROQUETTE
- VIANDE DES GRISONS

GARNITURE 2 :

- 5 CUIL. À SOUPE DE SAUCE BLANCHE BY JUJU FITCATS (RECETTE P. 109)
- FETA
- SAUMON FUMÉ
- JUS DE CITRON VERT
- OIGNON ROUGE
- AVOCAT
- ROQUETTE

Épluchez les patates douces, coupez-les en rondelles épaisses et faites-les cuire 5 à 7 minutes à puissance maximale dans un four à micro-ondes.

Pesez 200 g de patate douce cuite, puis réduisez-la en purée à l'aide d'un mixeur.

Faites chauffer 2 cuillerées à soupe d'eau dans une tasse et délayez-y la levure, puis laissez reposer 20 minutes.

Dans un saladier, mélangez la farine, l'huile d'olive, du paprika, du sel, du poivre et la levure délayée. Ajoutez progressivement 5 cl d'eau. Ciselez les feuilles de basilic et de persil frais, puis ajoutez-les au mélange. Intégrez la purée de patate douce.

Pétrissez le tout jusqu'à obtenir une pâte bien homogène qui se décolle des parois du saladier. Préchauffez le four à 180 °C (th. 6).

Saupoudrez le plan de travail de farine. Étalez la pâte bien fine et ronde. Repliez les bords pour former la croûte. Faites précuire la pâte à pizza 7 à 10 minutes au four.

Garnissez selon vos goûts et enfournez pour 10 minutes environ.

VALEURS NUTRITIONNELLES

POUR 1 PÂTE À PIZZA (SANS GARNITURE)

CALORIES	PROTÉINES	GLUCIDES	DONT SUCRES	LIPIDES	DONT AGS	FIBRES
762 KCAL	23 G	133 G	17 G	16 G	1 G	16 G

SANS GLUTEN

RICHE EN PROTÉINES

Poulet et patate douce à l'asiatique

PERSONNE	PRÉPARATION	CUISSON
1	25 MIN	10 MIN

INGRÉDIENTS

1 PATATE DOUCE (200 G)
100 G DE FILET DE POULET
50 G DE CHOU CHINOIS ROUGE
30 G DE CHOU KALE
50 G D'AVOCAT
25 G D'EDAMAME
½ CUIL. À SOUPE D'HUILE D'OLIVE
1 CUIL. À SOUPE DE JUS DE CITRON VERT
HUILE DE COCO (FACULTATIF)
SEL, POIVRE

SAUCE ASIATIQUE :

100 G DE YAOURT AU SOJA
1 CUIL. À CAFÉ DE BEURRE DE CACAHUÈTES
1 CUIL. À SOUPE DE JUS DE CITRON VERT
1 CUIL. À CAFÉ DE SAUCE SOJA SALÉE
1 CUIL. À CAFÉ DE GRAINES DE SÉSAME
1 GOUSSE D'AIL HACHÉE
QUELQUES FEUILLES DE BASILIC FRAIS HACHÉES
POIVRE

Lavez la patate douce, coupez-la en deux, puis faites-la cuire 5 à 7 minutes au four à micro-ondes à puissance maximale.

Pendant ce temps, faites cuire le poulet dans une poêle antiadhésive ou dans une poêle avec un peu d'huile de coco.

Dans un bol, préparez la sauce asiatique en mélangeant tous les ingrédients. Poivrez et remuez vigoureusement.

Coupez le chou rouge en fines lanières ainsi que le chou kale grossièrement.

Dans un saladier, mettez le chou rouge et le chou kale, salez, poivrez, puis versez l'huile d'olive et le jus de citron vert ; mélangez bien. Découpez l'avocat en cubes.

En fin de cuisson du poulet, versez la moitié de la sauce asiatique dans la poêle et laissez caraméliser.

Une fois la patate douce cuite, déposez-la sur une assiette, ajoutez le mélange de chou, l'avocat, le poulet et l'edamame. Arrosez avec le reste de sauce asiatique.

VALEURS NUTRITIONNELLES

CALORIES	PROTÉINES	GLUCIDES	DONT SUCRES	LIPIDES	DONT AGS	FIBRES
540 KCAL	36 G	49 G	18 G	22 G	3 G	10 G

#TeamPouletPatateDouce

SANS GLUTEN

VÉGÉTALIENNE

Tian d'aubergines et patates douces

INGRÉDIENTS

- 2 GROSSES PATATES DOUCES
- 2 BELLES AUBERGINES
- 1 OIGNON
- 4 CUIL. À SOUPE D'HUILE D'OLIVE
- 1 KG DE KETCHUP BY JUJU FITCATS (RECETTE P. 110)
- 5 TOMATES SÉCHÉES
- QUELQUES BRANCHES DE BASILIC FRAIS
- QUELQUES BRANCHES DE PERSIL FRAIS
- HERBES DE PROVENCE
- 1 BRIN DE ROMARIN
- SEL, POIVRE

PERSONNES **8**

PRÉPARATION **20** MIN

CUISSON **45** MIN

Préchauffez le four à 200 °C (th. 6-7).

Lavez, épluchez, puis découpez les patates douces en fines tranches. Lavez et découpez les aubergines (sans les éplucher) en fines rondelles.

Dans un grand plat, disposez les tranches d'aubergine et de patate douce en alternant les couches.

Pelez et émincez l'oignon en fines rondelles ; répartissez-les sur le dessus du tian. Arrosez d'huile d'olive.

Versez le ketchup de Juju Fitcats pour recouvrir tout le tian.

Coupez les tomates séchées en morceaux et répartissez-les sur le dessus. Ajoutez les herbes fraîches ciselées et les herbes de Provence. Salez et poivrez.

Enfournez pour 45 minutes.

VALEURS NUTRITIONNELLES
POUR 1 PORTION

CALORIES	PROTÉINES	GLUCIDES	DONT SUCRES	LIPIDES	DONT AGS	FIBRES
190 KCAL	3,1 G	23,4 G	10,7 G	8,2 G	0,3 G	4,4 G

SANS GLUTEN
VÉGÉTALIENNE
LOW CARB
FAIBLE EN SUCRE

Guacamole by Juju Fitcats

POUR **1** BOL

PRÉPARATION **5** MIN

INGRÉDIENTS

500 G D'AVOCAT BIEN MÛR
3 CUIL. À SOUPE DE JUS DE CITRON VERT
2 CUIL. À CAFÉ DE PERSIL FRAIS HACHÉ
2 CUIL. À CAFÉ DE BASILIC FRAIS HACHÉ
1 CUIL. À CAFÉ DE GRAINES DE SÉSAME
SEL, POIVRE

Dans un bol, écrasez les avocats.

Ajoutez le jus de citron vert, les herbes, les graines de sésame, du sel et du poivre.

Mélangez vigoureusement jusqu'à obtenir une texture bien crémeuse (mixez si besoin).

VALEURS NUTRITIONNELLES
POUR 100 G

CALORIES	PROTÉINES	GLUCIDES	DONT SUCRES	LIPIDES	DONT AGS	FIBRES
157 KCAL	1,9 G	4,2 G	0 G	13,7 G	0,1 G	0,2 G

Sauce blanche
by Juju Fitcats

POUR **1** BOL

PRÉPARATION **5** MIN

- SANS GLUTEN
- VÉGÉTARIENNE
- LOW CARB
- FAIBLE EN SUCRE

Dans un bol, mélangez vigoureusement les yaourts à la grecque avec le jus de citron vert et l'huile d'olive.

Ajoutez les herbes ciselées, salez et poivrez à votre goût.

Mélangez à nouveau.

INGRÉDIENTS

- 2 YAOURTS À LA GRECQUE (300 G)
- 3 CUIL. À SOUPE DE JUS DE CITRON VERT
- 1 CUIL. À SOUPE D'HUILE D'OLIVE
- QUELQUES TIGES DE CIBOULETTE
- QUELQUES BRANCHES DE PERSIL FRAIS
- SEL, POIVRE

VALEURS NUTRITIONNELLES
POUR 100 G

CALORIES	PROTÉINES	GLUCIDES	DONT SUCRES	LIPIDES	DONT AGS	FIBRES
126 KCAL	2,7 G	3,4 G	2,5 G	11,3 G	5,6 G	0,4 G

SANS GLUTEN

VÉGÉTALIENNE

LOW CARB

FAIBLE EN SUCRE

Ketchup

by Juju Fitcats

POUR	PRÉPARATION	CUISSON
1 BOL	10 MIN	3 HEURES

INGRÉDIENTS

1 KG DE TOMATES CERISES
1 GOUSSE D'AIL
½ OIGNON ROUGE
1 CUIL. À SOUPE DE VINAIGRE DE CIDRE
1 CUIL. À SOUPE DE STÉVIA
1 CUIL. À SOUPE DE SIROP DE COCO
1 CUIL. À CAFÉ DE PAPRIKA MOULU
2 CUIL. À SOUPE D'HUILE D'OLIVE

Dans une casserole ou une poêle, faites revenir les tomates cerises dans l'huile d'olive jusqu'à ce qu'elles soient bien fondantes et qu'elles aient rendu tout leur jus.

Mettez les tomates cerises dans un mixeur. Ajoutez l'ail et l'oignon rouge émincés, le vinaigre de cidre, la stévia, le sirop de coco et le paprika.

Mixez vigoureusement jusqu'à obtenir une pâte type ketchup.

Placez le mélange au frais au minimum 3 heures avant de déguster.

VALEURS NUTRITIONNELLES
POUR 100 G

CALORIES	PROTÉINES	GLUCIDES	DONT SUCRES	LIPIDES	DONT AGS	FIBRES
46 KCAL	1,2 G	4,7 G	6,6 G	2,2 G	0,3 G	1,9 G

Energie

Snacks

Qui a dit que les grands n'avaient pas le droit à un goûter ?
Les petits l'adorent et si vous l'aviez supprimé, vous allez très vite réapprendre à l'aimer aussi, je vous le garantis !
Après une journée fatigante, avant un entraînement intense ou tout simplement pour le plaisir, ces snacks vont vous séduire et vous redonner le gain d'énergie dont vous avez besoin…
(Et pas d'inquiétude, petits Fitcats, un goûter n'est pas synonyme de grignotage. Au contraire, il vous permet de garder de l'énergie durant l'après-midi et de ne pas vous jeter sur n'importe quelle petite « cochonnerie » en attendant le dîner.)

SANS GLUTEN

VÉGÉTARIENNE

LOW CARB

RICHE EN PROTÉINES

FAIBLE EN SUCRE

Banana bread à la patate douce

POUR **12** PORTIONS

PRÉPARATION **10** MIN

CUISSON **35** MIN

INGRÉDIENTS

- 2 PATATES DOUCES (280 G)
- 2 BANANES BIEN MÛRES
- 50 G DE STÉVIA
- 1 CUIL. À SOUPE DE SIROP DE COCO
- 1 CUIL. À CAFÉ DE CANNELLE MOULUE (POUR CEUX QUI AIMENT)
- 2 OEUFS + 1 BLANC
- 100 G DE FARINE DE SARRASIN
- 75 G DE POUDRE D'AMANDES
- ½ SACHET DE LEVURE
- 70 G DE PÉPITES DE CHOCOLAT NOIR 70 %
- 30 G D'AMANDES

Préchauffez le four à 180 °C (th. 6).

Épluchez les patates douces, coupez-les en rondelles épaisses et faites-les cuire 5 à 7 minutes au four à micro-ondes.

Mixez les bananes avec la stévia, le sirop de coco et la cannelle.

Pesez 275 g de patate douce cuite, intégrez-la dans le mixeur avec la purée de banane et mixez à nouveau.

Versez le mélange dans un saladier, ajoutez les œufs et le blanc d'œuf et mélangez. Incorporez la farine, la poudre d'amandes et la levure, puis mélangez à nouveau. Intégrez enfin les pépites de chocolat et les amandes concassées.

Versez la pâte dans un moule chemisé de papier cuisson. Enfournez pour 30 minutes (surveillez la cuisson).

VALEURS NUTRITIONNELLES

POUR 1 PORTION

CALORIES	PROTÉINES	GLUCIDES	DONT SUCRES	LIPIDES	DONT AGS	FIBRES
163 KCAL	6,2 G	15 G	3,5 G	8,5 G	1,7 G	1,4 G

SANS GLUTEN

VÉGÉTARIENNE

LOW CARB

RICHE EN PROTÉINES

FAIBLE EN SUCRE

Cookies à la patate douce

POUR	PRÉPARATION	CUISSON
8 COOKIES	15 MIN	20 MIN

INGRÉDIENTS

- 2 PATATES DOUCES (220 G)
- 100 G DE BEURRE D'AMANDES
- 60 G DE POUDRE D'AMANDES
- 25 G DE FARINE D'AMANDE
- 1 OEUF
- QUELQUES GOUTTES D'ARÔME NATUREL DE VANILLE
- 1 CUIL. À CAFÉ DE LEVURE
- 1 CUIL. À CAFÉ DE CANNELLE MOULUE
- 70 G DE PÉPITES DE CHOCOLAT NOIR 70 %

Préchauffez le four à 180 °C (th. 6).

Épluchez les patates douces, coupez-les en rondelles épaisses et faites-les cuire 5 à 7 minutes à puissance maximale dans un four à micro-ondes. Pesez 200 g de patate douce cuite, puis réduisez-la en purée à l'aide d'un mixeur.

Pendant ce temps, dans un saladier, mélangez vigoureusement le beurre, la poudre et la farine d'amande avec l'œuf, la vanille, la levure et la cannelle.

Incorporez la purée de patate douce, puis les pépites de chocolat noir.

Déposez 8 petits tas de pâte espacés sur une plaque de cuisson recouverte de papier sulfurisé. Enfournez pour 20 minutes.

VALEURS NUTRITIONNELLES
POUR 1 COOKIE

CALORIES	PROTÉINES	GLUCIDES	DONT SUCRES	LIPIDES	DONT AGS	FIBRES
193 KCAL	7,4 G	10,1 G	0,8 G	13,5 G	0,6 G	2 G

SANS GLUTEN

VÉGÉTALIENNE

RICHE EN PROTÉINES

Energy balls à la patate douce

INGRÉDIENTS

- 1 PATATE DOUCE (170 G)
- 150 G DE FLOCONS D'AVOINE
- 100 G DE CRANBERRIES
- 50 G DE BEURRE DE CACAHUÈTES
- 1 CUIL. À SOUPE DE SIROP DE COCO
- GRAINES DE CHIA
- NOIX DE COCO RÂPÉE
- 50 G DE CHOCOLAT NOIR 75 %

POUR	PRÉPARATION	CUISSON	CONGÉLATION
12 ENERGY BALLS	15 MIN	5 À 7 MIN	2 HEURES

Épluchez la patate douce, coupez-la en rondelles épaisses et faites-la cuire 5 à 7 minutes à puissance maximale dans un four à micro-ondes. Pesez 150 g de patate douce cuite, puis réduisez-la en purée dans un mixeur.

Dans le mixeur, ajoutez les flocons d'avoine, les cranberries, le beurre de cacahuètes et le sirop de coco. Mixez jusqu'à l'obtention d'une pâte homogène.

Formez 12 boulettes. Roulez-les dans les graines de chia, puis dans la noix de coco râpée.

Faites fondre le chocolat au four à micro-ondes.

Trempez les energy balls dans le chocolat uniquement sur une surface pour obtenir des « rochers » maison.

Placez au congélateur 2 heures minimum.

VALEURS NUTRITIONNELLES
POUR 1 ENERGY BALL

CALORIES	PROTÉINES	GLUCIDES	DONT SUCRES	LIPIDES	DONT AGS	FIBRES
169 KCAL	3,7 G	19,8 G	8,2 G	7,3 G	3,1 G	3,3 G

SANS GLUTEN

VÉGÉTALIENNE

Smoothie bowl exotique à la patate douce

INGRÉDIENTS

1 PATATE DOUCE (170 G)
1 MANGUE (OU 100 G DE MANGUE CONGELÉE)
10 CL DE LAIT DE COCO
CANNELLE MOULUE
1 GOUSSE DE VANILLE
LE JUS DE 1 CITRON VERT

TOPPING :
½ FRUIT DE LA PASSION
COPEAUX DE NOIX DE COCO
1 POIGNÉE DE GRAINES DE CHIA
1 PETITE POIGNÉE DE NOIX DE PÉCAN

PERSONNE	PRÉPARATION	CUISSON	CONGÉLATION
1	10 MIN	5 À 7 MIN	1 NUIT

La veille, épluchez la patate douce, coupez-la en rondelles épaisses et faites-la cuire 5 à 7 minutes à puissance maximale dans un four à micro-ondes.

Pesez 150 g de patate douce cuite, puis congelez-la une nuit entière.

Prélevez 100 g de chair de mangue, découpez-la et congelez-la une nuit entière également.

Le lendemain, mettez le lait de coco dans le mixeur ainsi que de la cannelle, les graines de la gousse de vanille et le jus de citron vert, puis mixez pendant 1 minute.

Ajoutez les morceaux de patate douce et de mangue congelés et mixez pendant 2 à 3 minutes jusqu'à obtenir un smoothie onctueux et sans morceaux.

Versez dans un bol. Ajoutez le topping.

VALEURS NUTRITIONNELLES

CALORIES	PROTÉINES	GLUCIDES	DONT SUCRES	LIPIDES	DONT AGS	FIBRES
376 KCAL	5,4 G	57,6 G	15,7 G	14,3 G	4,2 G	6,3 G

CRSF
20 kg
Jordan
3
10
11

Oser quelque chose
de différent,
c'est prendre le risque
d'être heureux tout
simplement.
5 kg

SANS GLUTEN

VÉGÉTALIENNE

RICHE EN PROTÉINES

Smoothie bowl hivernal à la patate douce

PERSONNE	PRÉPARATION	CUISSON	CONGÉLATION
1	10 MIN	5 À 7 MIN	1 NUIT

INGRÉDIENTS

1 PATATE DOUCE (170 G)
1 BANANE
10 CL DE LAIT D'AMANDE
CANNELLE MOULUE
1 GOUSSE DE VANILLE
5 G DE CACAO PUR EN POUDRE

TOPPING :
FRUITS ROUGES ET FRAMBOISES MÉLANGÉS
COPEAUX DE NOIX DE COCO
1 POIGNÉE DE GRAINES DE CHIA
1 PETITE POIGNÉE DE NOISETTES
CHOCOLAT NOIR 70 % MINIMUM RÂPÉ

La veille, épluchez la patate douce, coupez-la en rondelles épaisses et faites-la cuire 5 à 7 minutes à puissance maximale dans un four à micro-ondes.

Pesez 150 g de patate douce cuite, puis congelez-la une nuit entière.

Pesez 100 g de banane, découpez-la et congelez-la une nuit entière également.

Le lendemain, mettez le lait d'amande dans le mixeur ainsi que de la cannelle, les graines de la gousse de vanille et le cacao, puis mixez pendant 1 minute.

Ajoutez les morceaux de patate douce et de banane congelés et mixez pendant 2 à 3 minutes jusqu'à obtenir un smoothie onctueux et sans morceaux.

Versez dans un bol. Ajoutez le topping.

VALEURS NUTRITIONNELLES

CALORIES	PROTÉINES	GLUCIDES	DONT SUCRES	LIPIDES	DONT AGS	FIBRES
427 KCAL	15 G	68,6 G	22,8 G	13,3 G	3,4 G	12,2 G

SANS GLUTEN

VÉGÉTALIENNE

Smoothie bowl printanier à la patate douce

PERSONNE	PRÉPARATION	CUISSON	CONGÉLATION
1	10 MIN	5 À 7 MIN	1 NUIT

INGRÉDIENTS

1 PATATE DOUCE (170 G)
1 PETIT ANANAS
10 CL DE LAIT DE COCO
CANNELLE MOULUE
1 GOUSSE DE VANILLE

TOPPING :

LES GRAINES DE ½ GRENADE
COPEAUX DE NOIX DE COCO
1 POIGNÉE DE GRAINES DE CHIA
1 PETITE POIGNÉE DE NOIX DE PÉCAN

La veille, épluchez la patate douce, coupez-la en rondelles épaisses et faites-la cuire 5 à 7 minutes à puissance maximale dans un four à micro-ondes.

Pesez 150 g de patate douce cuite, puis congelez-la une nuit entière.

Pesez 100 g d'ananas, découpez-le et congelez-le une nuit entière également.

Le lendemain, mettez le lait de coco dans le mixeur ainsi que de la cannelle et les graines de la gousse de vanille, et mixez pendant 1 minute.

Ajoutez les morceaux de patate douce et d'ananas congelés, et mixez pendant 2 à 3 minutes jusqu'à obtenir un smoothie onctueux et sans morceaux.

Versez dans un bol. Ajoutez le topping.

VALEURS NUTRITIONNELLES

CALORIES	PROTÉINES	GLUCIDES	DONT SUCRES	LIPIDES	DONT AGS	FIBRES
378 KCAL	5,5 G	56,4 G	18 G	14,3 G	4,1 G	4,8 G

À s'en taper
les quatre pattes
en l'air !

SANS GLUTEN

VÉGÉTALIENNE

LOW CARB

RICHE EN PROTÉINES

Cookie dough

PERSONNE	PRÉPARATION	CUISSON
1	10 MIN	5 À 7 MIN

INGRÉDIENTS

- 1 PATATE DOUCE (90 G)
- 15 G DE FARINE DE POIS CHICHES
- 1 CUIL. À SOUPE DE LAIT D'AMANDE
- 1 CUIL. À CAFÉ DE BEURRE D'AMANDES
- 10 G DE POUDRE D'AMANDES
- 1 CUIL. À CAFÉ DE SIROP D'AGAVE
- 7 GOUTTES D'ARÔME NATUREL DE VANILLE
- 1 CARRÉ DE CHOCOLAT NOIR 85 %

Épluchez la patate douce, coupez-la en rondelles épaisses et faites-la cuire 5 à 7 minutes à puissance maximale dans un four à micro-ondes (cuisson impérative au micro-ondes pour une bonne tenue de la pâte).

Pesez 75 g de patate douce cuite, puis réduisez-la en purée à l'aide d'un mixeur.

Versez la purée de patate douce dans un saladier, ajoutez la farine de pois chiches, le lait, le beurre et la poudre d'amandes, le sirop d'agave et la vanille, puis mélangez vigoureusement.

Râpez le chocolat noir et intégrez-le au mélange, remuez bien.

Servez dans un bol.

VALEURS NUTRITIONNELLES

CALORIES	PROTÉINES	GLUCIDES	DONT SUCRES	LIPIDES	DONT AGS	FIBRES
318 KCAL	11 G	31 G	10 G	17 G	3 G	5 G

Douceurs

Desserts

J'ai la petite habitude de terminer chacun de mes repas par un dessert… Malheureusement, la grande majorité des desserts que j'adore déguster n'entrent pas vraiment dans une alimentation qu'on peut qualifier de « saine ». Mais pas question d'être privé de dessert ! Il est important de savoir se faire plaisir de temps en temps.
Alors, je vous propose de découvrir mes desserts préférés, revisités dans leur version la plus saine et la plus gourmande possible pour que vous, mes Fitcats, ne soyez plus jamais obligés de dire « NON » face à un dessert !

SANS GLUTEN

VÉGÉTARIENNE

RICHE EN PROTÉINES

FAIBLE EN SUCRE

Brownie à la patate douce

POUR	PRÉPARATION	CUISSON
12 PORTIONS	15 MIN	45 MIN

INGRÉDIENTS

- 2 PATATES DOUCES (270 G)
- 50 G DE FARINE DE CHÂTAIGNES
- 2 OEUFS + 3 BLANCS
- 3 CUIL. À SOUPE DE STÉVIA
- 2 CUIL. À SOUPE DE SIROP DE COCO
- 1 CUIL. À CAFÉ DE LEVURE
- 30 G DE CACAO AMER
- 50 G DE CHOCOLAT NOIR 70 % MINIMUM
- 30 G D'HUILE DE COCO
- 50 G DE POUDRE DE NOISETTES
- 30 G DE NOISETTES
- 30 G DE NOIX
- 30 G DE NOIX DE PÉCAN
- COPEAUX DE NOIX DE COCO (FACULTATIF)

Préchauffez le four à 180 °C (th. 6).

Épluchez les patates douces, coupez-les en rondelles épaisses et faites-les cuire 5 à 7 minutes à puissance maximale dans un four à micro-ondes. Pesez 250 g de patate douce cuite, puis réduisez-la en purée à l'aide d'un mixeur.

Dans un saladier, versez la purée de patate douce et ajoutez petit à petit la farine de châtaigne, mélangez. Incorporez les œufs entiers, les blancs, la stévia, le sirop de coco, la levure, le cacao amer et la poudre de noisettes.

Faites fondre les carrés de chocolat noir avec l'huile de coco pendant 45 secondes au four à micro-ondes. Ajoutez le chocolat fondu au mélange précédent, puis mélangez bien.

Concassez les oléagineux et ajoutez-les à la pâte. Versez dans un moule carré tapissé de papier cuisson et enfournez pour 35 à 40 minutes (surveillez la cuisson !).

Une fois le brownie cuit, parsemez de noix de coco si vous le souhaitez.

VALEURS NUTRITIONNELLES
POUR 1 PORTION

CALORIES	PROTÉINES	GLUCIDES	DONT SUCRES	LIPIDES	DONT AGS	FIBRES
195 KCAL	5,4 G	11,7 G	5,1 G	13,7 G	2,6 G	2,5 G

SANS GLUTEN

VÉGÉTARIENNE

RICHE EN PROTÉINES

FAIBLE EN SUCRE

Gâteau à la patate douce

POUR **12** PORTIONS

PRÉPARATION **10** MIN

CUISSON **40 À 45** MIN

INGRÉDIENTS

- 520 G DE PATATES DOUCES
- 90 G DE FARINE D'AVOINE COMPLÈTE SANS GLUTEN
- ½ SACHET DE LEVURE
- 50 G DE STÉVIA
- 2 CUIL. À SOUPE DE SIROP DE COCO
- 30 G DE PURÉE DE NOIX DE CAJOU
- 1 GOUSSE DE VANILLE
- 1 CUIL. À SOUPE DE JUS DE CITRON VERT
- 2 OEUFS + 3 BLANCS
- 20 G DE NOIX DE CAJOU
- 20 G DE NOIX DE PÉCAN

Préchauffez le four à 180 °C (th. 6).

Épluchez les patates douces, coupez-les en rondelles épaisses et faites-les cuire 5 à 7 minutes à puissance maximale dans un four à micro-ondes. Pesez 500 g de patate douce cuite, puis réduisez-la en purée à l'aide d'un mixeur.

Versez la purée de patate douce dans un saladier. Ajoutez la farine d'avoine, la levure, la stévia, le sirop de coco, la purée de cajou, les graines de la gousse de vanille, le jus de citron vert, les œufs entiers et les blancs, puis mélangez vigoureusement.

Versez dans un moule. Concassez les noix de cajou et de pécan et répartissez-les sur le dessus. Enfournez pour 35 minutes environ.

Vérifiez la cuisson en enfonçant un couteau à l'intérieur du gâteau ; s'il ressort propre, le gâteau est prêt, sinon laissez cuire 5 à 10 minutes supplémentaires (en surveillant !).

VALEURS NUTRITIONNELLES
POUR 1 PORTION

CALORIES	PROTÉINES	GLUCIDES	DONT SUCRES	LIPIDES	DONT AGS	FIBRES
134 KCAL	4,4 G	18,3 G	2,8 G	4,7 G	0,6 G	0,3 G

SANS GLUTEN

VÉGÉTARIENNE

LOW CARB

FAIBLE EN SUCRE

RICHE EN PROTÉINES

Muffins de patate douce pommes-amandes

INGRÉDIENTS

- 2 PATATES DOUCES (270 G)
- 2 POMMES
- 70 G D'AMANDES
- 50 G DE FARINE DE SARRASIN
- 50 G DE POUDRE D'AMANDES
- ½ SACHET DE LEVURE
- 3 CUIL. À SOUPE DE LAIT D'AMANDE
- 80 G D'HUILE DE COCO
- 2 OEUFS
- 40 G DE STÉVIA

POUR 10 MUFFINS | PRÉPARATION 15 MIN | CUISSON 40 MIN

Préchauffez le four à 180 °C (th. 6).

Épluchez les patates douces, coupez-les en rondelles épaisses et faites-les cuire 5 à 7 minutes à puissance maximale dans un four à micro-ondes.

Dans un saladier, mélangez la farine de sarrasin, la poudre d'amandes, la levure, l'huile de coco, le lait d'amande, les œufs et la stévia.

Pesez 250 g de patate douce cuite, réduisez-la en purée à l'aide d'un mixeur et versez dans le saladier. Mélangez jusqu'à obtenir une pâte homogène.

Épluchez les pommes, coupez-les en petits morceaux et intégrez-les dans la pâte à muffins.

Versez la préparation dans des moules à muffins, parsemez d'amandes concassées, puis enfournez pour 35 minutes (surveillez la cuisson !).

VALEURS NUTRITIONNELLES
POUR 1 MUFFIN

CALORIES	PROTÉINES	GLUCIDES	DONT SUCRES	LIPIDES	DONT AGS	FIBRES
198 KCAL	4,8 G	12,6 G	0,4 G	14,8 G	1,2 G	1 G

#hmmm

SANS GLUTEN

VÉGÉTARIENNE

FAIBLE EN SUCRE

Muffins de patate douce à la châtaigne

POUR	PRÉPARATION	CUISSON	RÉFRIGÉRATION
10 MUFFINS	15 MIN	30 MIN	1 HEURE

INGRÉDIENTS

- 2 OU 3 PATATES DOUCES (370 G)
- 260 G DE FARINE DE CHÂTAIGNE
- 2 OEUFS
- 50 G D'HUILE DE COCO
- 10 CL DE LAIT DE NOISETTE
- 50 G DE STÉVIA
- 1 CUIL. À CAFÉ DE LEVURE
- ½ CUIL. À CAFÉ DE CANNELLE MOULUE
- 50 G DE NOISETTES
- 50 G DE CHOCOLAT NOIR 80 %

Préchauffez le four à 180 °C (th. 6).

Épluchez les patates douces, coupez-les en rondelles épaisses et faites-les cuire 5 à 7 minutes à puissance maximale dans un four à micro-ondes. Pesez 350 g de patate douce cuite, puis réduisez-la en purée à l'aide d'un mixeur.

Versez la purée de patate douce dans un saladier. Ajoutez la farine de châtaigne, les œufs, l'huile de coco, le lait de noisette, la stévia, la levure et la cannelle. Mélangez vigoureusement.

Versez la préparation dans des moules à muffins, parsemez de noisettes concassées, puis enfournez pour 25 minutes (surveillez la cuisson !). À la sortie du four, laissez les muffins refroidir.

Pendant ce temps, faites fondre le chocolat noir dans un bol. Trempez les muffins dans le chocolat pour former une coque. Replacez les muffins dans leur moule et mettez-les au réfrigérateur 1 heure jusqu'à ce que la coque de chocolat durcisse.

Dégustez frais !

VALEURS NUTRITIONNELLES
POUR 1 MUFFIN

CALORIES	PROTÉINES	GLUCIDES	DONT SUCRES	LIPIDES	DONT AGS	FIBRES
207 KCAL	3,5 G	26 G	9,5 G	10 G	3,4 G	1,9 G

SANS GLUTEN

VÉGÉTALIENNE

FAIBLE EN SUCRE

Mousse au chocolat à la patate douce

POUR	PRÉPARATION	CUISSON
4 VERRINES	10 MIN	5 À 7 MIN

INGRÉDIENTS

- 2 PATATES DOUCES (220 G)
- 65 G DE CHOCOLAT NOIR 70 %
- 15 CL DE LAIT DE COCO
- 5 CL DE CRÈME DE COCO
- 1 GOUSSE DE VANILLE
- 15 G DE STÉVIA
- 1 CUIL. À CAFÉ DE CANNELLE MOULUE
- NOIX DE COCO RÂPÉE

Épluchez les patates douces, coupez-les en rondelles épaisses et faites-les cuire 5 à 7 minutes à puissance maximale dans un four à micro-ondes.

Pesez 200 g de patate douce cuite, puis mixez pour obtenir une purée bien lisse. Ajoutez le lait et la crème de coco, les graines de la gousse de vanille, la stévia, la cannelle et mixez à nouveau.

Faites fondre le chocolat noir au four à micro-ondes 45 secondes, puis incorporez-le au mélange précédent et mixez une dernière fois.

Versez dans des verrines. Mettez au frais pendant 3 à 4 heures.

Saupoudrez de noix de coco râpée avant de servir.

VALEURS NUTRITIONNELLES
POUR 1 PORTION

CALORIES	PROTÉINES	GLUCIDES	DONT SUCRES	LIPIDES	DONT AGS	FIBRES
188 KCAL	2,4 G	18,1 G	6,4 G	12,5 G	4,8 G	0,1 G

REMERCIEMENTS

Pour commencer, je tiens à remercier la maison d'édition Solar, et plus particulièrement Didier Férat pour m'avoir fait confiance sur ce projet de livre un peu fou mais qui colle parfaitement à mon image.

Merci à mes deux éditrices, Diane Monserat et Marjorie Goussu, d'avoir été à mon écoute tout au long de cette aventure pour faire de mon premier livre un véritable petit bijou de la cuisine healthy.

Merci à Chloé d'avoir sublimé chacune de mes recettes (je n'aurais pas fait mieux ! Je suis un peu jalouse, je dois l'avouer) ainsi qu'à Bernard de m'avoir mise à l'aise durant notre shooting photo.

Merci à mon amie Roxane, qui m'a fait l'honneur d'écrire la préface de mon tout premier livre. En m'accordant sa confiance, elle m'a fait un immense cadeau.

Merci à mes amis qui ont eu LA CHANCE (ou pas :) de consacrer plusieurs de leurs soirées à la dégustation de chaque recette et sans qui tout cela n'aurait pas été possible !

Merci à mon Bibao, Thibaud, qui n'a pas rechigné une seule fois durant cette année et demie à être mon cobaye et qui, par son honnêteté, m'a permis de réaliser les meilleurs plats possible pour VOUS !

Merci à mes parents ainsi qu'à ma famille qui sont l'un de mes plus grands soutiens depuis le tout début de cette aventure, qui me poussent à donner le meilleur de moi-même et à croire en chacun de mes projets.

Enfin, merci à VOUS, mes Fitcats, de me soutenir chaque jour sans relâche sur mes réseaux sociaux, de me faire confiance dans les projets que je crée pour VOUS, pour NOUS, de venir à ma rencontre chaque fois que c'est possible et de me suivre depuis maintenant deux ans. Vous êtes ma force.

L'éditeur remercie la salle de sport Re-Corps pour son accueil

Directeur éditorial : Didier Férat
Édition : Diane Monserat et Marjorie Goussu
Graphisme et mise en page : Phil Caubit
Photogravure : Chromostyle
Fabrication : Laurence Duboscq

ISBN : 978-2-263-16035-6
Code éditeur : L16035
Dépôt légal : septembre 2019
Imprimé en Espagne par Graficas Estella.

Retrouvez-moi sur les réseaux sociaux :
YouTube : Juju Fitcats
Instagram et Twitter : @jujufitcats
Facebook : @jujufitcatsathlete